일러두기 ♦ 『열두 살 경제 놀이터』는 1권 '돈의 원리', 2권 '경제의 원리'로 이어집니다.

동전 한 개부터 시작하는
열두 살 경제 놀이터

01 돈의 원리

이효석·이하윤 지음

들어가는 말

경제 속에는 '거래'가 있다

하윤아, 오늘부터 아빠랑 경제 공부를 시작하기로 했지? 아빠가 경제와 관련된 일을 하고 있잖아. 그런데 이 '경제'라는 말을 자주 쓰면서도 무슨 뜻인지는 모르는 사람들이 참 많아. 먼저 사전에서 '경제'라는 단어를 찾아볼까?

• 경제 : **재화**나 **서비스**가 사회에서 어떻게 **생산**되고 **분배**되고 **소비**되는지를 다루는 학문

혹시 무슨 뜻인지 알겠어? 너무 어려운 단어들만 있어서 어

디서부터 설명해야 할지 좀 막막하네.

우선 뒷부분부터 볼게. 생산은 '만든다', 분배는 '나눠 준다', 소비는 '쓴다'는 뜻이야. 예를 들어서 하윤이가 맛있는 쿠키 10개를 만들었다고 생각해 보자. 이걸 좀 어려운 말로 바꾸면 '생산'한다고 해. 그리고 하윤이가 만든 쿠키 10개 중 5개를 친구들에게 나눠 줬다고 해 보자. 이런 것을 '분배'라고 하지. 마지막으로 나머지 5개를 우리 가족이 맛있게 나눠 먹었다면 이것을 '소비'했다고 한단다. 경제에는 쿠키처럼 돌아다니는 것들이 정말 많아.

다른 예도 찾아볼까? 먼저 자동차! 자동차 회사에서는 하윤이가 쿠키를 만드는 것처럼 자동차를 만들어. 자동차를 사람들에게 팔아서 나눠 주기도 하고, 자동차 회사 사장님이 타고 다니기도 하겠지? 그리고 너무 오래 사용해서 고장 나면 '폐차'라는 과정을 통해 세상에서 사라지기도 해.
또 뭐가 있을까? 하윤이가 문구점에서 사는 모든 물건도 쿠키처럼 설명할 수 있어. 지우개, 연필, 스티커까지 말이야. 이런 물건들을 '재화'라고 해.

그런데 하윤아, 눈에 보이지는 않지만 물건처럼 생산하고, 분배하고, 소비되고, 사라지는 것도 있어.

 귀신처럼 눈에 보이지 않는다고요? 눈에 보이지도 않는데 어떻게 돌아다녀요?

하하. 귀신은 아니야. 하윤이는 학교에서 선생님께 국어나 수학 같은 과목을 배우지? 그걸 '수업'이라고 하고. 수업도 쿠키나 자동차처럼 비슷한 점이 많아.
하윤이가 쿠키를 만들 때 '어떤 재료로 어떤 모양의 쿠키를 만들까?' 고민하는 것처럼 선생님도 '어떻게 하면 덧셈 뺄셈을 쉽고 재미있게 가르칠 수 있을까?' 고민하시지. 그렇게 고민하고 연구해서 만든 결과물이 바로 '수업'인 거야.
수업을 통해 선생님만 알고 있었던 덧셈, 뺄셈 방법이 하윤이에게 나눠지는 거지. 그럼 하윤이는 선생님께 배운 것을 동생들에게 알려줄 수도 있고, 가게에서 물건을 살 때 활용할 수도 있어.
이렇게 눈에 보이지 않고 만져지지도 않지만 쿠키처럼 만들어지고(생산), 나눠지고(분배), 활용(소비)할 수 있는 수업과 같은 것을 '서비스'라고 해. 자, 그럼 다시 사전에 나오는 '경제'의 뜻을 읽어볼까?

• 경제 : **재화**나 **서비스**가 사회에서 어떻게 **생산**되고 **분배**되고 **소비**되는지를 다루는 학문

 아빠, 그럼 경제는 쿠키를 만들고, 친구들과 나눠 먹고, 먹어서 똥으로 나오는 과정을 배우는 거네요? 푸하하!

그렇지! 자동차가 만들어지고 여기저기 돌아다니다가 사라지는 것을 배우는 것이라고 할 수도 있지. 또 선생님께서 만들어준 수업을 공부해서 다른 친구들에게 알려주거나 일상생활에서 활용하는 것이라고도 할 수 있어. 와, 이제 경제가 훨씬 쉬워졌지?

하윤아, 혹시 '경제는 돌아간다'는 말을 들어봤니? 이건 무슨 뜻일까?

 돌아간다고요? 빙글빙글?

7

맞아. 빙글빙글 돌아가. 그런데 왜 돌아간다고 할까?

우리 다시 쿠키를 예로 들어 보자. 쿠키는 원래 밀가루랑 계란이었어. 그런데 하윤이가 요리를 해서 쿠키라는 맛있는 음식으로 다시 태어나는 거야. 하윤이의 손에서 만들어진 쿠키는 친구들에게도 가고, 하윤이의 배 속으로 들어가서 똥으로 나오기도 하지.

어때, 쿠키는 만들어진 다음 여기저기 돌아다니지? 그래서 경제가 빙글빙글 돌고 돈다고 하는 거야.

그런데 말이야, 이렇게 여기저기 돌아다니려면 반드시 필요한 것이 있어. 바로 '거래'라는 거야. 거래는 '서로 주고받는 것'을 의미해. 예를 들어 A라는 사람이 B라는 사람에게 쿠키나 자동차 같은 '재화'나 영어 수업과 같은 '서비스'를 줬다고 해 보자. 그런데 이런 것을 받은 B가 "고마워"라고 말만 하고 A에게 아무것도 주지 않으면 A가 섭섭해하겠지? 그때 뭘 주면 좋을까?

 음……. 돈?

그래. 재화나 서비스를 받았으니 돈을 주는 거야. 예를 들어 하윤이가 문구점에서 연필을 사려면 뭘 내야 하지? 바로 '돈'이잖아. 연필을 받은 대신 문구점 사장님에게 돈을 주는 거지.

경제는 이렇게 수없이 많은 거래를 통해서 돌아가. 마치 기계처럼 말이지. 아빠가 좋아하는 미국인 투자자 레이 달리오는 경제를 '경제 기계(Economic Machine)'라고 표현하더라고. 참, 경제라는 기계가 잘 돌아가려면 거래가 아주 쉽게 잘되어야만 한단다.

하윤아, 지금부터 아빠랑 빙글빙글 도는 경제에 대해서 알아볼 거야. 경제가 잘 돌아가기 위해서는 수없이 많은 거래가 톱니바퀴처럼 잘 맞물려야 한단다. 그래서 우리는 거래에 어떤 것들이 필요한지 하나씩 살펴볼 거야.
1) 재화와 서비스를 어떻게 만드는지, 2) 재화와 서비스에 대한 대가로 내야 하는 '돈'이라는 것은 무엇인지, 3) 돈을 바로 내는 것 대신 "나 믿지?"라고 말하려면 어떻게 해야 하는지, 4) 그리고 거래가 잘 이뤄져서 톱니바퀴처럼 경제가

잘 돌아가게 하기 위해서는 어떻게 해야 하는지에 대해 이야기를 나눠 보자.

감사의 말

아이일 때보다 어른이 되면, 해야 되는 선택의 크기와 중요성이 정말 커집니다. 안타깝게도 어린아이일 때는 엄마, 아빠가 도움을 줄 수 있지만, 어른이 되면 아무리 어려워도 스스로 중요한 선택을 해야만 하죠. 그렇기 때문에 아이일 때부터 경제적인 관점에서 좋은 선택을 하는 연습과 훈련이 꼭 필요합니다. 이 책은 이러한 현실에 부담을 느끼시는 부모님과 아이들을 위해 쓰여졌습니다.

어린이에게 경제를 쉽게 설명하기 위해서는 '개념에 대한 정확한 이해'와 '어린아이의 눈높이에서 생각할 수 있는 관심과 애정'이 있어야 합니다. 그런 의미에서 저의 설명을 들어준 하윤이와 쉬운 용어를 찾기 위해 함께 고민해 준 아내에게 진심을 다해 감사 인사를 하고 싶습니다. 부디 이 책의 내용이 부모님들의 걱정을 덜어주고, 아이들의 성장에 도움이 되길 바랍니다.

목차

들어가는 말 | 경제 속에는 '거래'가 있다 ◆ 4

제1장

모든 거래의 시작은 '돈'이다

1. 돈 - 돈이 뭐길래 모두 부자를 꿈꾸는 걸까요? ◆ 16
2. 화폐 - 가치를 눈으로 볼 수 있어요 ◆ 26
3. 가치 - 가치는 상황에 따라 달라져요 ◆ 38
4. 가격 - 가격을 결정하는 두 가지 요소 ◆ 48

제2장

돈에도 가격이 있다

1. 돈의 가격 - '돈의 가격'은 계속 달라진대요! ◆ 62
2. 금리 - 돈의 인기를 나타내는 숫자 ◆ 70
3. 환율 - 어떤 나라의 돈이 더 인기 있을까요? ◆ 80
4. 물가 - 물건의 가격이 다 같이 움직여요 ◆ 88

제3장

눈에 보이지 않는 돈

1. **할부** - 비싼 물건은 돈을 나눠서 내요 ◆ 102
2. **신용** - 돈 좀 빌려주세요! ◆ 110
3. **통화량** - 세상에 돌아다니는 돈 ◆ 120
4. **호황과 불황** - 경기는 좋았다, 나빴다를 반복해요 ◆ 132

제4장

돈을 관리하는 중앙은행과 정부

1. **중앙은행** - 은행도 은행이 필요해요 ◆ 146
2. **한국은행** - 목표는 물가의 안정 ◆ 156
3. **양적완화** - 금리를 더 이상 내릴 수 없다고요? ◆ 166
4. **시장 실패** - 시장이 멈추면 정부가 도와줘요 ◆ 174
5. **재정 정책** - 경제를 살리기 위한 정부의 긴급 처방 ◆ 186

제1장

모든 거래의 시작은 '돈'이다

돈

돈이 뭐길래 모두 부자를 꿈꾸는 걸까요?

💡 우리 주변을 돌고 도는 돈!
경제의 가장 기본이 되는 '돈'에 대해 알아봐요.

💡 키워드: 가치, 교환, 저장

"오늘이 벌써 하윤이 용돈 받는 날이네?"

"와, 신난다! 아빠 고맙습니다!"

"하윤아, 이번 주 용돈으로 뭘 할 거야?"

"일단 수요일이 서연이 생일이라 선물을 살 거고요. 사고 싶었던 강아지 모양 샤프도 살 거예요. 그리고 또 뭘 사지?"

"음. 돈으로는 무엇을 사는 것 말고 다른 일도 할 수 있어."

"그래요? 돈은 물건을 사기 위해 만들어진 것 아닌가요?"

"물건을 사고팔 때 가장 많이 쓰이긴 하지. 하지만 돈은 그 자체로 가치가 있어서 교환할 수도 있고, 저장할 수도 있단다. 오늘은 아빠가 하윤이에게 돈이 무엇인지 알려줘야겠구나."

제1장. 모든 거래의 시작은 '돈'이다

먼저 '돈'이라는 말이 어떻게 생겨났는지 알아보자.

 아빠! 그건 제가 알아요. 빙글빙글 돌아다녀서 '돈'이잖아요!

역사책을 보면 조선시대부터 돈을 사용했다는 기록이 남아 있어. '돈'이라는 말이 어디서 시작되었는지 정확히 알 수 없지만 하윤이가 알고 있는 것처럼 사람들을 거쳐 돌고 돈다는 뜻에서 '돈'이라 부르게 되었다는 이야기가 있지.
'돌고 돈다'는 것은 경제를 아주 잘 설명하는 말이기도 해. 돈이 돌지 않으면 경제가 돌지 않기 때문이야. 그럼 돈이 돌기 위해서는 어떤 일이 일어나야 할까?

 돈은 물건을 사고팔 때 주로 쓰이니까 누군가는 물건을 팔고, 또 누군가는 물건을 사는 '거래'가 이루어져야 돈이 돌고 돌 수 있어요.

맞아. 물건을 파는 사람, 그리고 물건을 사는 사람이 있어야 돈이 돌고 돌 수 있어.
그런데 물건을 팔기 위해서는 먼저 물건을 만들어야겠지? 물건을 만들어 내기 위해 사람들은 일을 해. 일을 하면 돈을 벌 수 있고, 또 번 돈으로 필요한 물건을 살 수 있지. 이렇게 돈이 세상에 돌고 돌게 되는 거야.

돈을 움직이는 활동, 즉 물건을 사는 것과 파는 것, 그리고 물건을 만드는 것은 모두 경제의 가장 기본적인 활동이란다. 그래서 돈을 경제의 기본이라고 하지. 우리가 경제 공부를 할 때 왜 제일 먼저 '돈'이라는 단어를 배우는지 알겠지?

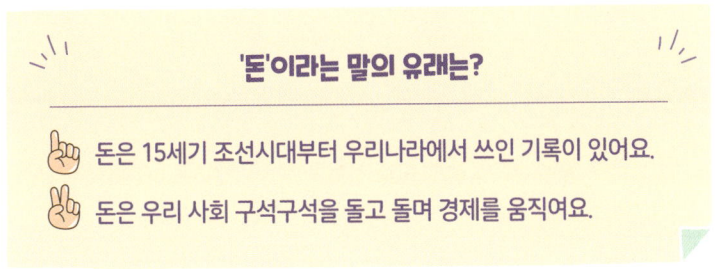

'돈'이라는 말의 유래는?

☝ 돈은 15세기 조선시대부터 우리나라에서 쓰인 기록이 있어요.
☝ 돈은 우리 사회 구석구석을 돌고 돌며 경제를 움직여요.

 아빠, 그럼 돈이 없었던 시절에는 물건을 사고팔 수 없었나요?

아주 옛날에는 필요한 물건을 서로 교환했지. 하지만 아주 불편했단다. 돈이 없으면 물건의 가치를 나타내기 어렵기 때문이야.

예를 들어 볼게. 과일 가게에 사과, 배, 그리고 귤이 있어. 배를 기준으로 이야기해 보자. 배 1개는 사과 2개로 바꿀 수 있고, 귤은 4개로 바꿀 수 있다고 해.

배에 가격표를 붙인다면 어떻게 적어야 할까? 또 사과랑 귤 가격표는 어떻게 적어야 할까?

- 배 1개 = 사과 2개 또는 귤 4개
- 사과 1개 = 배 1/2개 또는 귤 2개
- 귤 1개 = 사과 1/2개 또는 배 1/4개

이렇게 적어야겠지. 그런데 사과, 배, 귤 말고 다른 과일도 여러 가지 있으면 어떨까? 그럼 가격표를 수십, 수백 개는 만들어야 할 거야.

자, 여기서 문제를 하나 내 볼게. 사과, 배, 귤 중에 어떤 과일이 가장 비쌀까?

배 1개를 가지려면 사과 2개 또는 귤 4개가 필요하니까, 배가 제일 비싸고, 그다음 사과, 귤 순서로 비싸요.

아빠, 그런데 매번 이렇게 계산하려면 너무 복잡했을 것 같아요. 과일 하나 사는 게 왜 이렇게 복잡해요?

맞아. 너무 복잡하지? 그럼 이제 과일의 가치를 돈을 이용해 표시해 볼까?

- 배 1개 = 2,000원
- 사과 1개 = 1,000원
- 귤 1개 = 500원

 어떤 과일이 비싸고 어떤 과일이 싼지 한눈에 보여요. 과일값도 쉽게 계산할 수 있고요.

이게 돈의 첫 번째 역할이야. 어려운 말로 '가치의 척도'라고 하지. 우리가 키를 잴 때 센티미터(cm)를 쓰잖아. "하윤이 키는 144센티미터입니다." 이렇게 이야기하지? 또 몸무게를 잴 때는 킬로그램(kg)을 사용하고. 하윤이 몸무게가 몇 킬로그램이지?

 앗, 아빠!

하하, 미안 미안. 우리가 키나 몸무게를 잴 때 센티미터, 킬

로그램이라는 단위를 쓰는 것처럼 가치를 잴 때는 1,000원, 2,000원처럼 돈의 단위인 '원'을 쓴다는 것만 기억해 두렴.

 네, 기억할게요. 가치를 나타낼 때는 돈의 단위인 '원'을 쓴다!

두 번째 돈의 역할은 '교환의 수단'이야. 자, 다시 돈이 없는 시대를 상상해 보자.

물물교환만 할 수 있는 시대에 사는 하윤이는 항아리를 아주 잘 만드는 장인이야. 하루 종일 항아리를 만들다 보니 배가 고픈데 먹을 게 없는 거야. 그러면 시장에 가서 먹을 것을 사 와야겠지?

그런데 물물교환을 하는 시대에는 '돈'이라는 게 없잖아. 그럼 먹을 것을 가지고 있으면서, 항아리도 필요한 사람이 있어야 해. 그리고 그 사람을 하윤이가 찾아서 만나야 서로 교환할 수 있겠지.

 그건 너무 어려운 일인데요? 하루, 이틀이 지나도 교환할 사람을 못 만나면 굶어 죽겠어요!

돈이 있다면 내가 갖고 있는 항아리를 필요한 사람에게 돈을 받고 팔고, 그 돈으로 먹을 것을 사면 돼. 하지만 돈이 없다면 물물교환을 할 사람을 찾아 헤매야만 하지. 물건을 손쉽게 바꿀 수 있게 해 주는 이런 성질을 '교환의 수단'이라고 하는 거야.

물건과 물건을 바꾸는 것 보다 물건과 돈을 바꾸는 게 더 편하다!

자, 이제 하윤이가 만든 항아리를 원하면서 먹을 것도 가지고 있는 사람을 운이 좋게 만나서 물건을 교환했다고 해 보자. 하윤이가 배부르게 음식을 먹었는데도 많이 남은 거야. 음식을 며칠 동안 저장해 놓으면 썩을 텐데 어떻게 하면 좋을까?

만약 음식을 돈으로 바꿀 수만 있다면 음식이 썩을 걱정을 하지 않아도 되고, 저장하기도 쉽겠지? 이렇게 돈은 가치를 '저장'할 수 있는 기능도 있어.

음식이 남아서 버리는 건 너무 아까워요. 음식 대신 돈을 저장하는 게 편하기도 하고요!

맞아. 돈은 저장해 두기도 편하지. 썩지도 않고 너무 크거나 무겁지도 않으니까 말이야.

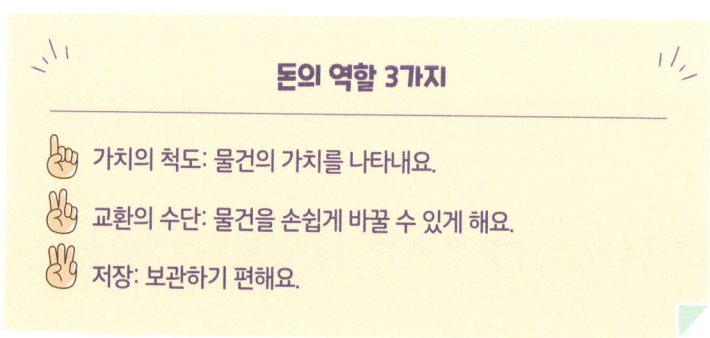

매일 사용하는 돈이지만 이렇게 대단한 역할을 하고 있는지 몰랐을 거야. 우리 주위를 돌고 돌면서 경제를 움직이는 돈에 대해 더 깊이 파헤쳐 보자.

"아빠, 돈의 역할을 알고 나니 이번 주 용돈으로 할 일이 하나 더 생각났어요."

"그래? 뭔데?"

"저금이요. 이번에는 돈을 저장해 볼래요!"

"좋은 생각이야. 하윤아, 이번 주 용돈도 잘 쓰고 남은 돈은 꼭 저금하렴."

화폐

가치를 눈으로 볼 수 있어요

💡 은, 소금, 동전, 지폐, 그리고 신용카드까지.
물건을 얻기 위한 다양한 형태의 돈에 대해 알아봐요.

💡 키워드: 지폐, 동전, 신용카드, 페이

"아빠, 이것 보세요! 신기한 돈이에요."

"호주의 지폐구나?"

"우리나라 돈처럼 종이로 만든 게 아니래요. 아주 얇은 플라스틱으로 만들어서 잘 찢어지지 않고 물에도 젖지 않는대요."

"하윤이가 새로운 화폐를 보니 신기한가 보구나?"

"화폐요? 화폐는 돈이랑 다른 거예요?"

하윤아, 아빠가 처음에 경제는 무엇을 통해서 돌아간다고 이야기했지? 경제 기계가 돌아가려면 '○○'가 잘되어야 한다고 했는데, 기억나?

 음……. 거래가 잘되어야 한다고 했어요!

오, 기억하고 있구나! 맞아. 경제가 잘 돌아가게 하려면 거래가 잘 이루어지는 것이 무엇보다 중요해. 그리고 거래는 '서로 주고받는 것'을 의미한다고도 했어.

예를 들어 A가 B에게 쿠키나 자동차 같은 '재화'나 영어 수업 같은 '서비스'를 준다고 해 보자. 그런데 이런 것을 받은 B가 "고마워"라고만 하고 A에게 아무것도 주지 않으면 A가 섭섭해한다고 했지?

 맞아요! 고맙다고 하는 것으로 부족하다면 돈을 줘야 해요!

그래. '돈'이라는 것은 몸무게나 키가 아니라, '가치'라는 것을 잴 수 있는 척도가 된다고도 했지. 또 쉽게 교환할 수 있게 도와주면서 편하게 저장도 할 수 있는 역할을 한다고 했잖아. 그런데 가만히 생각해 보면, 이 돈이라는 건 너무 추상적이야.

추상적인 게 뭐예요?

예를 들어 볼까? 하윤이가 친구한테 선물로 사탕을 받은 거야. 그래서 친구한테 "고마워"라고 이야기한 거지. 이때 '고마워'라는 말이 추상적이라고 할 수 있어. 얼마나 고마운지 알 수 없으니까. 하윤이가 "많이 고마워"라고 말해도 얼마나 많이 고마운지 친구는 정확히 알 수 없을 거야.

'돈'도 마찬가지야. A에게 무언가를 받았을 때 B가 "돈 줄게"라고만 하면 그게 얼마인지 알 수가 없어. 돈을 준다고 하는 것보다 좀 더 구체적으로 표현할 수도 있는데 그때 이용하는 게 바로 '화폐'야.

배는 1개에 2,000원, 사과는 1개에 1,000원이라고 하면 어떤 게 더 가치 있는 건지 구체적으로 알 수 있겠지? 여기서 '원'이 화폐란다.

맞아요. 자에는 센티미터가 표시되어 있어서 키가 몇인지 눈에 보이는

데, '가치'는 눈에 보이는 게 아닌데 가치를 잰다고 해서 이해하기 어려웠어요.

가치를 측정한다는 말이 좀 어려우니까 아빠가 다른 표현을 생각해 봤어. 화폐라는 것은 아주 먼 옛날에도 있었는데, 그 화폐가 어떻게 발전했는지를 살펴보면, 돈이나 화폐에 대해서 더 쉽게 이해할 수 있을 거야.

아주 아주 먼 옛날, 선사시대에 산호와 강인이라는 친구가 있었어. 산호는 산속에서 멧돼지를 사냥하며 살았고, 강인이는 강가에서 물고기를 낚으며 살았지. 어느 날, 산호는 생선이 먹고 싶었어. 그런데 산호에게는 멧돼지 고기밖에 없었지. 산호는 마을로 내려가 자기가 가진 멧돼지 고기를 생선과 바꿔 줄 사람을 찾았어. 마침 생선만 먹고 살던 강인이도 고기가 먹고 싶었대. 그래서 두 사람은 고기 1덩어리와 생선 2마리를 바꾸었지.

 학교에서 배웠던 물물교환이네요?

맞아. 이렇게 물건과 물건을 교환해서 필요한 것을 얻는 방식을 '물물교환'이라고 해. 앞에서 배웠지? 돈이 만들어지지 않았을 때는 물물교환을 통해 생활에 필요한 것을 얻을 수밖에 없었단다.

자, 다시 산호와 강인이 이야기로 돌아가 보자. 물물교환을 통해서 원하는 것을 얻은 두 사람은 너무 만족스러웠어. 그래서 일주일 뒤에 또 만나서 고기와 생선을 바꾸기로 했지. 그런데 문제가 생겼어. 산호가 멧돼지 사냥에 실패한 거야. 약속한 날이 되었고, 산호는 어쩔 수 없이 예전에 잡아서 보관해 두었던 작은 고깃덩어리 하나를 들고나왔어. 그런데 강인이는 물고기를 아주 많이 잡아 놓은 거야. 그래서 생선 10마리를 어깨에 메고 약속 장소로 나갔단다.

 이런, 강인이가 실망했겠는데요? 생선을 10마리나 가지고 갔는데 멧돼지 고기를 조금밖에 얻을 수 없었으니까요.

맞아. 강인이는 억울했어. 하지만 어쩔 수 없이 거래해야만 했지. 집에도 잡아 놓은 물고기가 많이 있었고, 오늘 가져온 생선은 당장 물물교환을 하지 않으면 상해서 버려야 했거든. 그런데 이런 일이 자주 벌어졌어. 산호가 멧돼지를 잡지 못하는 날도, 강인이가 물고기를 잡지 못해 빈손으로 나오는 날도 있었던 거야. 결국 둘은 크게 싸우고 말았어.

그래서 어떻게 됐어요?

산호와 강인이가 싸우는 것을 본 사람들은 물건과 물건을 직접 교환하는 대신, 모두에게 필요한 물건인 '소금'을 주고받으면서 거래하기 시작했어. 예를 들면 소금 1주먹과 고기 1덩어리를 교환하거나, 소금 1주먹과 생선 2마리를 교환하는 거지.

그럼 산호가 멧돼지를 못 잡아도 강인이에게 소금 1주먹을 주면 생선 2마리를 받아 갈 수 있겠네요?
그러면 강인이도 화가 나지 않겠어요. 산호에게 받은 소금으로 다른 사람에게 고기를 사면 되니까요.

이렇게 소금이 '최초의 화폐'가 되었단다.

> ### 소금은 최초의 화폐!
>
> 물물교환으로는 공평한 거래를 하기 어려웠어요.
>
> 그래서 사람들은 '소금'을 최초의 '화폐'로 사용했어요.

그런데 소금을 화폐로 쓰다 보니 또 문제가 생겼어. 비가 오는 날이면 소금이 녹아 버렸거든.

 으악! 소금이 돈인 셈인데 빗물에 소금이 녹아 버린다고요?

응. 그래서 사람들은 녹지 않고, 썩지 않고, 깨지지 않고, 가지고 다니기도 편한 새로운 화폐를 찾기 시작했어. 그렇게 나타난 새로운 화폐가 은으로 만든 동전, 바로 '은화'야.

은화는 오랫동안 쓰였지만 지금은 사라졌어. 은은 구하기 힘들어서 동전을 많이 만들 수가 없었거든. 그리고 무거워서 들고 다니기 힘들었지.

시간이 지나고 과학이 발전하면서 대부분의 나라에서는 종이와 구리로 화폐를 만들어 사용하고 있어. 종이로 만든 돈을 '지폐', 구리로 만든 돈을 '동전'이라고 하는데, 오늘 하윤이가 가지고 온 물에 젖지 않는 호주의 화폐는 종이의 단점을 보완한 것이지.

최근에는 지폐와 동전 말고 또 다른 화폐가 등장했어. 마트에서 '이것' 하나만 있으면 지폐와 동전 없이도 계산할 수 있고, 인터넷에서 물건을 살 때도 사용할 수 있지. 그게 뭔지 맞춰 볼래?

 정답! 신용카드요!

맞아. 화폐를 많이 들고 다니면 무겁기도 하고 쉽게 잃어버릴 수도 있으니까 '신용카드'라는 새로운 화폐도 나타났단다. 스마트폰을 이용해 손쉽게 돈을 지불할 수 있는 '페이(간편결제 시스템)'도 새로운 화폐라 할 수 있어.

화폐는 어떻게 변화했을까?

 변화 순서: 소금 → 은화 → 지폐와 동전 → 신용카드와 페이

 화폐는 가지고 다니기 쉽고, 사용하기 편리한 형태로 계속 변화했어요. 앞으로도 새로운 화폐가 나타날 거예요.

자, 그럼 오늘 배운 내용을 정리해 볼까?

화폐는 물건을 쉽게 교환하기 위해 생겨났어. 최초의 화폐는 소금이었는데, 소금은 물에 쉽게 녹아 없어지는 단점이 있었지. 그래서 사람들은 은을 새로운 화폐로 사용하기 시작했어. 하지만 은으로 만든 돈은 너무 무겁고, 필요한 만큼 만들 수 없었단다.

지금은 대부분의 나라에서 종이와 구리로 만든 화폐를 사용하고 있어. 화폐는 사람들이 사용하기 편리한 방향으로 계속 발전하고 있는데, 최근에는 신용카드와 '페이'라 불리는 간편결제 시스템도 만들어졌지.

 소금에서부터 페이까지! 화폐는 시간이 갈수록 점점 더 좋아진 것 같아요. 더 오래 보관할 수 있고, 가지고 다니기도 편해졌잖아요. 신용카드나 페이는 거래하기도 굉장히 쉽고요.

그렇게 화폐가 발전해 온 역사를 알면 화폐가 되기 위해서는 몇 가지 요소가 필요하다는 것을 알 수 있어. 우선 가벼워서 가지고 다니기 좋아야 한다는 '휴대성'이 필요하고, 소금처럼 쉽게 녹아버리면 안 된다는 의미에서 '내구성'도 필요하지. 또 화폐를 내고 거스름돈을 받을 수 있게 여러 가지 단위로 '분할'이 되면 더 좋을 거야.

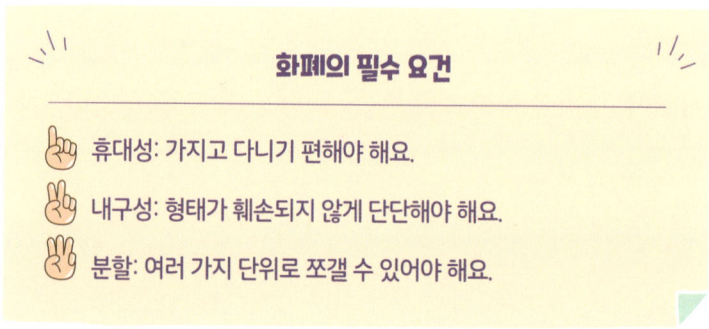

화폐의 필수 요건

☝ 휴대성: 가지고 다니기 편해야 해요.
✌ 내구성: 형태가 훼손되지 않게 단단해야 해요.
🤟 분할: 여러 가지 단위로 쪼갤 수 있어야 해요.

화폐는 지금도 더 좋은 모습으로 계속 발전하고 있어. 아마 시간이 많이 흐르면, 하윤이도 딸에게 "너희 할아버지가 살았을 때는 이런 화폐도 썼단다"라면서 신기한 듯 가르쳐 주고 있을 수도 있겠다! 미래에는 또 어떤 화폐가 등장할까? 상상해 보는 것만으로도 너무 재미있지 않니?

"아빠, 신용카드 다음에 나올 화폐로 이런 건 어때요? 물건에 손가락을 대기만 해도 계산할 수 있는 화폐!"

"와, 그거 멋진데?"

"하지만 그러면 과소비하게 될 것 같아요! 먹고 싶은 빵도 터치하고, 갖고 싶은 인형도 터치하고……. 그렇게 뭐든지 마구마구 사게 될 테니까요."

"하하하. 그런 화폐가 만들어지면 물건을 신중하게 만져야겠구나."

가치

가치는 상황에 따라 달라져요

> 사막에서 다이아몬드와 물 중 어느 게 더 가치 있을까요? 목마른 사막에서 다이아몬드는 아무 소용이 없어요.
>
> 키워드: 유용성, 희소성, 경제재, 자유재, 한계효용

"아빠, 더는 못 걸을 것 같아요. 물 한 모금만 먹고 가요."

"어쩌지? 가져온 물이 다 떨어졌어. 조금만 더 가면 편의점이 보일 테니 우리 조금만 더 힘내자!"

"으악, 지금 물 한 모금만 마시면 딱 좋겠어요……."

"힘들지? 다시 경제 이야기를 꺼내서 미안하긴 한데, 지금이 '가치'라는 걸 설명해 줄 수 있는 너무 좋은 상황이라 아빠가 참을 수가

없네?"

"이것도 경제와 관련이 있어요?"

"그럼! 하윤이가 물을 마셨을 때 느끼는 만족감을 집에 있을 때와 지금, 이렇게 두 가지 상황에서 비교해 볼까?"

"집에서는 열 모금을 마셔도 별생각이 안 들었지만, 지금은 딱 한 모금만 마셔도 너무너무 만족할 것 같아요!"

"이런 만족감을 표현하는 단어가 '가치'란다. 가치는 사람, 혹은 상황에 따라 달라질 수 있어."

하윤이가 좋아하는 밸런스 게임 한번 해볼까? 반짝이는 다이아몬드 하나와 생수 한 병. 둘 중 하나만 가질 수 있다면 하윤이는 어떤 걸 선택할 거야?

 당연히 다이아몬드죠! 생수는 없으면 수돗물을 끓여 먹어도 되잖아요. 다이아몬드처럼 비싸고 귀한 보석이랑 생수 한 병을 비교할 수 있나요?

다이아몬드를 선택했다 이거지? 그런데 말이야, 하윤이가 지금 있는 곳이 뜨거운 사막이라면? 걸어도 걸어도 모래밖에 없는 사막 한가운데에서 하루 동안 조난을 한 상황이지. 그래도 다이아몬드를 택하겠니?

 잠깐만요! 그러면 얘기가 달라지죠. 물이 없으면 죽을 수도 있잖아요. 다이아몬드가 무슨 소용이 있겠어요? 당연히 생수 한 병을 택해야죠.

하윤이뿐만 아니라 모든 사람이 같은 선택을 할 거야. 애덤 스미스라는 경제학자는 이런 상황을 '다이아몬드의 역설'이라는 이론으로 설명했어. 아주 간단히 말하면 '같은 물건이라도 어떤 상황에 놓여 있냐에 따라 가치가 바뀐다'는 것인데, 여기에는 좀 더 복잡한 이야기가 숨어 있어.

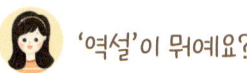 '역설'이 뭐예요?

어떤 이야기를 처음 들었을 때는 말도 안 된다고 생각했는데 다시 잘 생각해 보면 중요한 진리가 숨겨져 있는 경우에 '역설적이다'라고 해. 물과 다이아몬드의 선택 속에는 어떤 역설적인 현상이 있는지 알아보자.

애덤 스미스는 어떤 사람일까?

☝ 애덤 스미스는 세계 최초의 경제학책으로 알려진 『국부론』을 쓴 경제학자예요.
✌ 『국부론』은 경제학의 기초 중의 기초가 되는 책이에요.

사람들은 누구나 더 가치 있다고 생각하는 것을 선택하게 되어 있어. 그런데 사람들은 어떤 기준으로 가치를 판단할까? 가치가 어떻게 정해지는지를 한번 생각해 보자.

우선 물은 사람이 생존하기 위해 꼭 필요해. 그런데 다이아몬드는 없어도 사는 데 아무런 지장이 없어. 이것을 '물은 다이아몬드보다 유용성이 있다'라고 말한단다. 한자로 '있을 유(有)'와 '쓸 용(用)' 자를 써서 '유용성'이라고 하는 거야. 그런데 하윤이는 처음에 당연히 다이아몬드를 택했지? 그 이유는 다이아몬드가 훨씬 비싼 물건이기 때문이야.

 그러고 보니 이상하네요. 꼭 필요한 물의 가격이 더 비싸야 할 것 같은데, 없어도 되는 다이아몬드가 훨씬 비싸잖아요.

그래서 애덤 스미스가 '역설적'이라고 한 거야. 중요한 것이 비싸야 하는데 오히려 그렇지 않은 것이 더 비싸니까. 하지만 이런 현상이 일어난 데에는 이유가 있겠지?
다이아몬드가 비싼 이유는 귀하기 때문이야. 다이아몬드는 반짝거리고 예쁘기 때문에 많은 사람들이 가지고 싶어 해. 하지만 땅속에 묻혀 있는 양은 정해져 있어서 누구나 가질 수 없지. 그래서 가격이 비싸지는 거야. 다이아몬드처럼 갖고 싶어 하는 사람은 많은데 양이 부족한 상태를 '희소성'이라고 해.
한편, 물은 어디서든 쉽게 구할 수 있지? 유용하기는 하지만 희소성이 낮기 때문에 가격이 저렴한 거야.

유용성과 희소성을 알아봐요

 유용성: 쓸모 있는 성질이에요.

 희소성: 갖고자 하는 욕구는 많지만 물건의 양이 제한되어 있거나 부족한 상태를 갖는 성질이에요.

쓸모도 있는데 귀하기까지 하면 모두가 정말 가치 있다고 느낄 거야. 이렇게 유용성과 희소성을 모두 갖추고 있으면서 사고파는 경제활동이 가능한 것을 '경제재'라고 해. 경제활동을 통해 얻을 수 있는 재화라는 뜻이야.

다이아몬드는 경제재겠지? 액세서리나 장식품을 만들 때 쓰이니까 유용성이 있고, 희소성도 있으니까. 그렇다면 물은 어때? 경제재라 할 수 있을까?

 물은 좀 애매해요. 유용성은 확실히 있어요. 희소성은······. 물도 돈을 주고 사서 마시잖아요. 비싼 물도 있고요. 깨끗한 물도 제한적이니까 물도 경제재 아닐까요?

맞아. 물도 경제재야. 하윤이는 마시는 물만 생각했지만 우리가 생활할 때 쓰는 수돗물도 모두 돈을 내고 쓰는 거란다.

경제재랑 반대되는 개념도 있어. 유용성이 있는데 희소성이 없는 것도 있을 수 있잖아. 예를 들면 산소 같은 것 말이야. 생물은 산소가 없으면 살 수 없어. 분명히 유용하고 너무나도 필요한 것인데 우리는 산소를 돈 주고 사지 않아. 누구나 마음껏 얻을 수 있을 만큼 풍족하기 때문이지. 이렇게 유용성은 있지만 희소성이 없는 것을 '자유재'라고 해. 자유롭게 사용할 수 있는 재화라는 의미지.

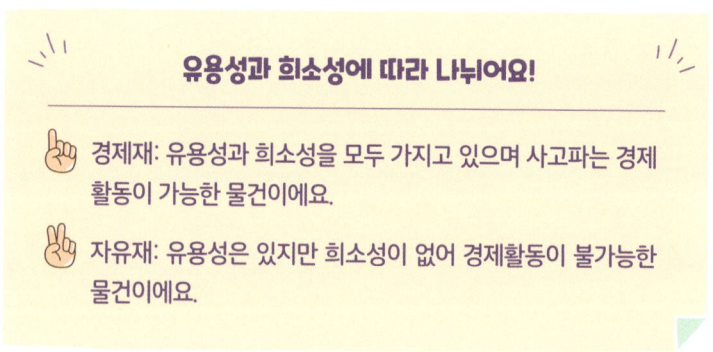

유용성과 희소성에 따라 나뉘어요!

☝ 경제재: 유용성과 희소성을 모두 가지고 있으며 사고파는 경제활동이 가능한 물건이에요.

✌ 자유재: 유용성은 있지만 희소성이 없어 경제활동이 불가능한 물건이에요.

자, 희소성과 유용성을 기억하면서 또 하나 알아둬야 할 말이 있어. '한계효용'이야.

👩 **한계효용? 무슨 말인지 전혀 모르겠어요.**

'한계효용'은 재화나 서비스를 하나 더 사용할 때 얼마나 더 만족감을 느끼는지를 이야기해. 아빠는 빵을 '한 개' 더 먹을 때 얼마나 기분 좋은지를 이야기한다고 해서 '한계효용'이라고 외웠어. 그럼 좀 쉽지?

예를 들어 하윤이가 지금 너무너무 배가 고파. 그런데 선생님이 빵 5개를 주신 거야. 배고팠던 하윤이는 금방 1개를 먹고선, 또 신이 나서 빵 1개를 더 먹었지. 2개까지 아주 맛있게 먹었어. 그런데 빵을 3개째 먹으려니까 별로 내키지 않는 거야.

 으, 배도 너무 부른데 빵만 계속 먹어요? 금방 질릴 것 같은데요?

맞아. 처음 빵을 하나 먹었을 때는 만족감이 컸는데, 두 번째 빵을 먹었을 때는 만족감이 줄어들겠지. 이렇게 한계효용이 줄어드는 걸 어려운 말로 '한계효용 체감의 법칙'이라고 해.

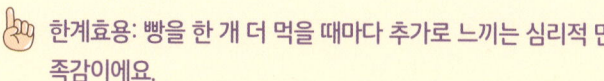

한계효용과 체감의 법칙 쉽게 이해하기

 한계효용: 빵을 한 개 더 먹을 때마다 추가로 느끼는 심리적 만족감이에요.

 한계효용 체감의 법칙: 빵을 한 개 더 먹을 때마다 느끼는 만족감은 점점 줄어든다는 법칙이에요.

한계효용 체감의 법칙의 예를 하나 더 들어 볼까? 우리 가족이 얼마 전에 뷔페에 밥을 먹으러 갔잖아. 처음 뷔페에 차려진 음식을 보고 하윤이의 눈이 휘둥그레졌던 것 같은데?

 히히, 맞아요. 제가 좋아하는 음식들이 많았거든요. 열 접시도 더 먹을 수 있을 것 같았어요.

그런데 세 접시도 못 먹었잖아. 첫 번째 접시는 즐겁게 먹더니 두 번째 접시는 배부르다며 겨우겨우 먹고, 세 번째 접시는 결국 남기고 말았지.

 와, 뷔페에서도 한계효용 체감의 법칙을 찾을 수 있네요!

같은 물건이라도 상황에 따라 가치가 변하는 것이 신기하지? 배가 고플 때는 아주 맛있게 보였던 음식이 배가 부를 때는 별로 맛이 없어 보인다거나, 오늘은 싼값에 살 수 있는 물건이 내일은 갑자기 비싸질 수도 있다는 게 말이야.

한계효용은 물건이나 서비스의 값을 정하기도 하는 아주 중요한 요소란다. 잘 기억해 두렴.

"아빠, 오늘 이야기를 하다 보니 언젠가는 산소도 경제재가 될 수 있겠다는 생각이 들어요. 물처럼 말이에요."

"산소는 생물이 사는 데 꼭 필요한데 경제재가 되면 큰일이지."

"환경이 오염되면 맑은 공기가 부족해지고 사람과 동물, 식물이 마실 산소도 부족해질 수 있잖아요. 희소성이 생기면 경제재가 될 테고요. 그러니까 저는 오늘부터 환경 보호를 실천할래요!"

"좋아! 아빠도 동참하마."

가격

가격을 결정하는 두 가지 요소

> 💡 가격은 누가 정할까요? 사는 사람? 파는 사람?
> 가격을 결정하는 '수요'와 '공급'에 대해 알아봐요.
>
> 💡 키워드: 보이지 않는 손, 수요, 공급

"아빠, 사과가 3개에 1만 원이나 하네요? 지난주에 엄마랑 마트에 왔을 때는 6개에 1만 원이었는데."

"과일값이 많이 올랐구나. 설이 다가와서 그런가 봐."

"설이 다가오면 과일값이 올라요? 왜요?"

"차례상에 올리기 위해 과일을 사는 사람들이 많아지기 때문이지."

"그러면 명절에 많이 먹는 나물이나 생선 가격도 오르겠네요?"

"맞아. 오늘은 아빠가 하윤이에게 가격을 결정하는 두 가지 요소에 대해 알려줘야겠다."

시장에서 파는 물건에는 각각 가격이 있어. 이 가격은 누가 정할까?

 음, 가게 주인이 정하지 않을까요?

겉으로 보기에는 가게 주인이 가격을 정하는 것 같지만 결국에는 물건을 사는 사람이 가격을 정하게 된단다.

 물건을 사는 사람이 가격을 정한다고요? 저는 가게 사장님이 붙여 놓은 가격표에 적힌 대로 돈을 내는데요?

지난 시간에 배운 '가치'라는 개념으로 설명해 볼게. 물건을 파는 사람은 '내가 이 물건을 만들기 위해서 얼마나 노력했는데, 이 정도의 가치는 있지'라고 생각할 거야.
그런데 반대로 사는 사람은 '나한테는 전혀 필요가 없어서 가치가 없네'라고 생각할 수도 있어. 그래서 가격은 물건을 만드는 사람이 정하기도 하지만 사는 사람도 같이 정한다고 하는 게 맞아.
그러니까 결국 물건의 가격을 조정하는 것은 '시장에서 물건을 사고파는 사람들의 이기심(욕구)'이라고 할 수 있어.

 이기심은 안 좋은 거 아닌가요? 너무 이기적으로 행동하는 친구는 인기가 없어요.

하윤이가 말한 것처럼 '너무' 이기적으로 행동하면 인기가 없지만, 사람은 누구나 본인의 이익을 위해서 행동해. 그걸 이기적이라고 하는 거고.
우리 좀 더 솔직하게 생각해 볼까? 만약 하윤이가 수박 한 통을 1만 원에 샀는데, 바로 다음에 온 친구는 5,000원에 샀다면 어떤 생각이 들 거 같아?

 어떻게 그런 일이 있을 수가 있어요? 너무 불공평하잖아요.

그럼 반대 상황이라면 어떨 것 같아? 다른 친구가 수박 한 통을 1만 원에 사는 걸 봤는데, 과일 가게 사장님이 하윤이에게는 5,000원에 파는 거야!

 음……. 친구에게 약간 미안하긴 하지만 기분은 좋을 것 같아요.

그런데 혹시 이런 생각이 들지는 않을까? 과일 가게 사장님이 수박 한 통의 가격을 1만 원으로 매겼던 이유가 있었을 텐데 나에게 5,000원에 팔면 큰 손해를 보시는 게 아닐까 하는 생각 말이야. 수박 농장에서 수박을 사고, 서울까지 옮기고, 가게에 진열해 두기 위해서는 돈이 많이 들잖아.

 걱정이 되긴 하지만 싸게 사면 좋잖아요. 저는 그냥 제가 생각한 가격보다 싸면 사고, 비싸면 안 살 것 같아요.

대부분의 사람들이 하윤이처럼 생각해. 이렇게 사람들은 돈을 주고받으면서 거래할 때 '자신에게 유리한 것'이 무엇인지를 제일 많이 고민해. 어떻게 보면 이런 것도 이기심이라고 볼 수 있지.

이런 현상에 그럴듯한 이름을 붙여준 사람이 있어. 영국의 경제학자 애덤 스미스는 이것을 '보이지 않는 손'이라고 했는데, 아빠가 좀 더 자세히 설명해 줄게.

만약 올해 수박 농사가 너무 잘되어서 시장에 수박이 많아지면 수박 가격이 낮아지겠지? 그런데 가격이 너무 낮아지면 수박 농사를 하던 농부가 "에잇, 그냥 내가 먹어 버리고 말지. 이 가격에 팔 순 없어"라고 하면서 수박을 더 이상 시장에 내놓지 않게 될 거야. 그럼 시장에는 갑자기 수박이 줄어들겠지? 그러면 낮아졌던 수박 가격은 다시 상승해서 적당한 가격이 될 거야.

이 과정에서 농부의 생각과 행동을 바꾸게 만든 사람은 누구일까?

 수박 가격이 싸지니까 '내가 다 먹어 버리자!' 하고 자기 맘을 바꾼 거잖아요. 가격 때문에 농부의 생각과 행동이 바뀌었어요.

맞아. 가격이 낮아졌기 때문에 농부는 스스로 행동을 바꿨지. 그리고 농부의 바뀐 행동이 다시 가격을 움직였어. 애덤 스미스는 이런 현상을 가리켜 '보이지 않는 손이 시장을 움직인다'고 설명했어. 그리고 보이지 않는 손이 움직이는 원동력을 '인간의 이기심'이라고 했지. 가격이 너무 낮아져서 수박을 팔지 않겠다는 결정을 했던 것은 농부의 이기심 때문이라는 거야.

물건을 싸게 사고 싶은 소비자, 그리고 물건을 비싸게 팔고 싶은 판매자가 서로 이기적으로 행동하면 결국 가장 적절한 가격을 찾아가게 된다는 거지.

> **애덤 스미스의 '보이지 않는 손'**
>
> 소비자는 물건을 싸게 사고 싶은 마음, 공급자는 비싸게 팔고 싶은 마음이 있어요.
> 서로의 욕구(이기심)에 따라 자연스럽게 물건의 가격이 매겨져요.
> 가격은 결국, 그 물건이나 서비스의 가치를 따라가요.

결국에 가격은 소비자가 생각하는 가치와 같아지겠지만 항상 그런 것은 아니야.

예를 들어 하윤이가 과일을 사러 과일 가게에 갔어. 그런데 가게에 수박이 잔뜩 쌓여 있는 거야. 사람들이 다른 과일만 사고 수박은 안 사 갔나 봐. 하윤이도 수박을 살까, 포도를 살까 고민하고 있는데, 그 모습을 본 과일 가게 사장님이 "하윤아, 이 수박 한 통에 1만 원인데, 오늘만 특별히 5,000원에 줄게"라고 하는 거야.

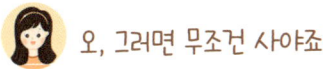 오, 그러면 무조건 사야죠!

순식간에 수박의 가격이 절반으로 내려갔지? 이렇게 물건은 많은데 사려는 사람이 적다면 가격은 내려가게 돼.
며칠 후에 하윤이가 또 수박을 사러 갔어. 그런데 이번에는 수박이 딱 한 통밖에 없는 거야. 그런데 수박을 사려는 사람은 하윤이 말고도 다섯 명이나 더 있었어. 사람들이 서로 수박을 사려고 하니까 과일 가게 사장님이 이렇게 말하는 거야. "오늘은 수박이 15,000원입니다."

 으악, 수박값이 너무 비싸졌어요!

이렇게 물건이 부족한데 사려는 사람이 많으면 가격은 올라가. 사람들이 물건을 사고 싶어 하는 마음을 '수요'라 하고, 시장에서 팔리는 물건의 양을 '공급'이라 한단다. 수요는 적은데 공급이 많으면 가격은 내려가고, 수요가 많은데 공급은 적으면 가격은 올라가지.

 가격을 정하는 두 가지가 뭔지 알겠어요. 바로, 수요와 공급이죠!

수요와 공급을 알아봐요

 '수요'는 사람들이 물건을 사고 싶어 하는 욕구, '공급'은 시장에서 팔리는 물건의 양이에요.

 수요는 적은데 공급이 많으면? 가격이 내려가요.
수요가 많은데 공급이 적으면? 가격이 올라가요.

맞아! 수박을 먹고 싶어 하는 사람이 많으면 가격이 올라가지만, 반대로 수박이 많으면 가격이 내려가는 것을 '수요와 공급'이라고 설명했어. 그런데 그보다 중요한 사실이 있어. 바로 '가격은 상황에 따라서 변덕스럽게 계속 바뀐다'는 거야. 어떻게 가격이 계속 바뀌는지 볼까?

수박의 수요는 많은데, 공급이 부족해서 수박 가격이 많이 오른 상황이라고 생각해 보자. 수박 가격이 오르는 걸 본 과일 가게 사장님이 이번에는 수박을 많이 가져다 놓은 거야.

 수박의 공급이 많아졌네요?

수박 가격이 올라가자 사장님의 생각이 바뀐 것처럼 사람들의 생각도 바뀌었어. '그 가격이면 차라리 포도를 먹어야겠다' 하고 생각하는 사람들이 많아졌거든. 그래서 수박은 그대로 남아 있게 되었지. 과일 가게 사장님은 수박이 상할까 봐 가격을 확 낮춰서 판매하게 되었어.

 올랐던 수박값이 다시 내려갔네요!

제품의 가격을 높게 매겼더라도 수요가 줄면 가격은 다시 내려갈 수밖에 없단다. 이렇게 수요와 공급에 의해서 물건의 가격은 자연스럽게 오르락내리락해. 가격이 변화하면서 물건에 대한 수요와 공급도 자연스럽게 조절되지.

그러니까 물건의 가격과 시장에서 팔리는 물건의 양을 조정하는 것은 '시장을 움직이는 주체들의 욕구'란다. 하윤이나 아빠처럼 시장에서 물건을 사는 소비자, 과일 가게 사장님처럼 시장에서 물건을 파는 판매자, 수박을 생산하는 농부의 마음이 가격도 결정하고, 물건을 생산하는 양도 결정하는 거야.

시장에서 판매되는 물건의 값이 어떻게 결정되는지 잘 알겠지? 아빠나 하윤이 같은 소비자 한 명 한 명이 시장을 움직이는 주인공이 된다는 점을 기억하고 현명한 소비자가 되도록 하자.

"아빠, 오늘 가격에 대해 배우고 나니 어떤 물건을 사야 현명한 소비자가 되는지 알았어요."

"오, 그래?"

"일단 가격이 싸다고 마구 사지 않기! 그리고 가격이 저렴하면서 품질은 좋은 상품을 잘 골라서 사기."

"하윤이처럼 소비하는 사람들만 있다면 상품을 만드는 사람들도, 파는 사람들도 좋은 상품만 공급하려고 노력하겠는걸?"

"좋은 상품의 수요가 많아야죠. 그래야 공급도 많이 되어서 가격도 안정되니까요!"

"이야, 멋진데? 오늘 하윤이와 가격에 대해 오랫동안 이야기한 보람이 있구나."

제2장

돈에도 가격이 있다

돈의 가격

'돈의 가격'은 계속 달라진대요!

> 💡 물건뿐 아니라 돈에도 가격이 있다는 사실을 알면 세상의 경제가 달리 보일 거예요.
>
> 💡 키워드: 돈의 가격, 금리

"아빠, 오늘 친구들이랑 와플을 먹으러 갔는데 글쎄 모든 메뉴 가격을 500원씩 올린다는 거예요!"

"아이고, 그럼 이제 와플 파티하기가 힘들어지겠네?"

"그래서 말인데요, 용돈을 조금만 올려 주시면 안 될까요?"

"좋아. 그럼 아빠가 내는 퀴즈를 맞히면 1만 원 더 줄게!"

"와! 빨리 퀴즈 내주세요!"

"와플이 500원 비싸졌다고 했지? 그럼 돈의 가격은 어떻게 됐을까?"

"네? 돈의 가격이요?"

우리가 앞에서 돈에 대해서 배웠잖아. '돈으로는 뭔가를 살 수도 있고, 저장해 둘 수도 있다.' 그리고 여기에서 '가격'이라는 말이 나왔지.

 기억나요. 수박 가격은 수박을 먹고 싶은 사람이 많을 때 올라갑니다!

아빠가 이 이야기를 꺼낸 이유가 있어. 세상은 어떻게 보느냐에 따라서 완전히 다르게 보일 수 있거든. 예를 들어 '와플값이 500원이나 올랐네'라고 생각하는 것과 '1,000원으로 먹을 수 있는 와플의 양이 줄어들었네'라고 생각하는 건 완전히 다른 거야.

관점을 바꿔 가면서 생각해 볼까? 예를 들어서 하윤이가 좋아하는 호떡의 가격이 3,000원이라고 해 보자. 그런데 아빠가 어렸을 때는 호떡 가격이 1,000원이었단 말이지. 그럼 호떡의 가격은 어떻게 된 거지?

 올라간 거죠.

자, 이번엔 반대로 이야기해 볼게. 아빠가 어렸을 때는 1,000

원짜리 지폐 하나로 호떡 1개를 살 수 있었거든. 그럼 1,000원짜리 지폐의 가격은 호떡 1개라고 할 수 있겠지? 그런데 지금은 1,000원짜리 지폐를 들고 가면, 호떡을 1/3개밖에 먹을 수가 없잖아. 그럼 1,000원짜리 지폐의 가격은 어떻게 된 걸까?

옛날에는 1,000원짜리 지폐가 호떡 1개였는데, 지금은 1,000원짜리 지폐가 호떡 1/3개로 줄어들었어요.

맞아. 똑같이 1,000원이라는 돈인데 그 돈으로 사 먹을 수 있는 호떡이 1/3로 줄어든 거지. 돈의 가격이 떨어진 거야.

내 호떡이 1/3로 줄어들다니! 그런데 아빠, 그냥 호떡 가격만 생각해도 될 것 같은데, 왜 돈의 가격까지 고민해야 해요? 너무 복잡해요.

그 이유는 돈의 가격이 굉장히 자주 바뀌기 때문이야. 특히 요즘처럼 돈의 가격이 요동치는 것은 아빠가 태어난 이후로는 처음 있는 일이란다. 그래서 아빠는 지금 막 경제를 배우는 하윤이가 '처음부터' 아빠가 배웠던 것과 다른 방법으로 생각해 보길 바라는 거야.

하윤이가 사는 세상에서는 물건의 가격이 어떻게 바뀌는지보다 돈의 가격이 어떻게 바뀌는지를 먼저 이해하는 게 중요한 세상이 될 테니 말이야.

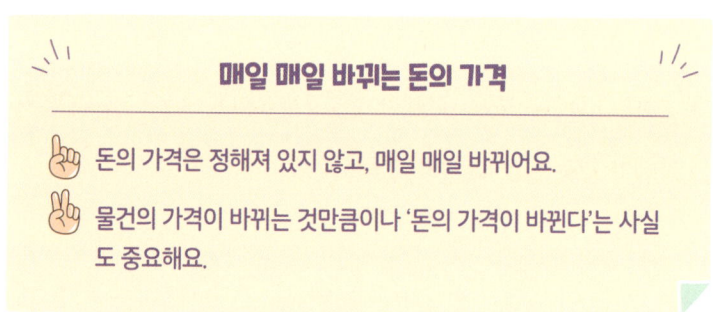

매일 매일 바뀌는 돈의 가격

☝ 돈의 가격은 정해져 있지 않고, 매일 매일 바뀌어요.

✌ 물건의 가격이 바뀌는 것만큼이나 '돈의 가격이 바뀐다'는 사실도 중요해요.

 아빠, 그런데 돈의 가격은 어떻게 결정돼요?

날카로운 질문인걸? 돈의 가격은 수박의 가격이 결정되는 것과 같아. 수박의 인기가 수박 가격을 결정하는 것처럼 돈의 가격도 사람들에게 인기가 얼마나 있는지에 따라서 결정된단다.

 돈은 늘 인기 있잖아요. 어른도 아이도 다 돈을 좋아하는걸요?

그렇지. 돈을 싫어하는 사람은 없을 거야. 그런데 사람들은 시간에 따라서 돈을 더 좋아하기도 하고 조금은 덜 좋아하기도 해. 예를 들어 볼까?

하윤이가 호떡집 사장이라고 해 보자. 그런데 갑자기 사람들이 호떡을 많이 사 먹는 거야. 그래서 하윤이가 더 팔고 싶은 욕심이 생겼어. 그럼 어떻게 할까?

음. 그럼 호떡을 더 많이 구울 거예요.

맞아. 그러면 호떡을 구워 줄 사람도 더 필요하고, 기계도 하나 더 있으면 좋겠다는 생각을 하겠지. 그런데 돈이 부족하네? 돈이 부족해진 하윤이는 은행에 가서 돈을 빌리게 될 거야. 하윤이처럼 '은행에서 돈을 빌려서라도 가게를 더 크게 만들어야지!'라고 생각하는 사람이 많아지는 걸 경제가 좋아진다고 해. 경제가 좋아지면 돈을 찾는 사람이 많아지고, 돈의 인기가 올라가지!

돈의 인기를 어떻게 알 수 있어요?

좋은 질문이야. 돈이 사람들에게 얼마나 인기 있는지를 하나의 숫자로 표현하는 방법이 있는데, 알려 줄까?

 인기를 하나의 숫자로요? 쉽지 않을 것 같은데요?

돈의 인기를 하나의 숫자로 표현한 것을 '금리'라고 하는데, 여기까지 설명하려면 너무 힘드니까 그건 다음 시간에 설명해 줄게.

오늘은 돈에도 가격이 있다는 사실과 돈의 가격도 오르락내리락할 수 있다는 것까지만 기억해 두자.

"아빠, 돈에도 가격이 있다는 것이 신기해요. 돈은 물건의 가격을 매기는 데에 쓰이는 건 줄 알았는데 말이에요."

"돈의 가격은 경제에 큰 영향을 미친단다. 물건값도 움직이고, 나라와 나라 사이의 관계를 조정하는 능력도 있지."

"돈이라는 게 알면 알수록 신기하네요?"

"그렇지? 그래서 경제학자들은 돈에 대해 잘 알고, 돈을 사랑하고, 때로는 무서워할 줄 아는 사람이야말로 부자가 될 자격이 있다고 말해."

"아빠, 저도 열심히 돈에 대해 공부할래요!"

금리

돈의 인기를 나타내는 숫자

> 💡 은행을 이용할 때 반드시 알아야 하는 이자와 금리에 대해 알아봐요.
>
> 💡 키워드: 은행, 이자, 금리, 대출

"하윤아, 이거 봐. 아빠 SNS에 하윤이 어린 시절 사진이 떴네?"

"5년 전 오늘? 5년 전에 제가 이렇게 작았어요? 키가 그때보다 20센티미터는 더 큰 것 같은데요?"

"하윤이의 키 말고도 5년 동안 쑥쑥 자란 것이 하나 더 있어."

"그게 뭔데요?"

"짜잔, 바로 하윤이의 통장에 쌓인 돈! 하윤이가 학교 들어가기 전에 100만 원을 넣어 뒀거든? 그런데 지금 얼마가 되었는지 봐."

"와, 120만 원이 됐네요? 아빠가 20만 원을 더 저축하신 거예요?"

"아니, 20만 원은 은행에서 준 이자야."

"이자요? 은행에서 그냥 주는 거예요?"

하윤이가 세뱃돈을 많이 받았네? 그냥 들고 다니면 잃어버릴 수도 있으니까 엄마에게 맡기는 거 어때?

작년에도 엄마한테 맡겼는데 그 돈이 어디 있는지 잘 모르겠어요. 아빠, 제 돈을 보관할 좀 더 좋은 방법은 없을까요? 엄마를 못 믿어서 그런 건 아니고요, 헤헤.

하윤이가 받은 세뱃돈을 잃어버리지 않게 잘 저장해 주고, 필요할 때마다 얼마가 저장되어 있는지 확인도 할 수 있고, 다른 사람에게 보내줄 수도 있는 방법이 있어. 엄마가 아니라 은행에 돈을 맡기는 거야.

이걸 '예금'이라고 해. 예금을 하면 은행이 하윤이에게 "은행을 믿고 돈을 맡겨 주셔서 감사합니다. 대신 이자를 드릴게요"라고 하면서 맡긴 것보다 돈을 더 많이 줄 거야.

우와! 돈도 안전하게 보관해 주면서 이자도 준다면 정말 좋은데요? 그런데 은행은 왜 저한테 이자까지 주는 거예요?

단지 돈을 맡겼을 뿐인데 이자를 준다는 것이 신기하지? 은행이 하윤이에게 이자를 줄 수 있는 이유는 하윤이가 예금한 돈을 다른 사람에게 빌려주기 때문이야.

제가 은행에 맡긴 돈을 다른 사람에게 빌려준다고요? 아니, 그러다가 그 사람이 돈을 안 돌려주면 저도 돈을 못 받는 거 아니에요?

물론 은행이 다른 사람에게 돈을 빌려주면 위험할 수 있지. 그래서 하윤이 돈을 빌려 간 사람에게 이렇게 이야기하는 거야. "돈을 빌려주니까 고맙죠? 그럼 이자를 내세요. 대신 제가 하윤이에게 줄 이자보다는 더 많이 줘야 합니다"라고 말이지.

돈을 맡겨서 받는 이자도 있고, 돈을 빌려서 내는 이자도 있다는 거죠? 조금 복잡해요.

이자에 대해 좀 더 자세히 알아볼까? 아빠가 갑자기 돈이 필요해서 하윤이에게 1만 원을 빌린다고 해 보자. 하윤이는 그 돈을 가지고 있으면 친구들과 간식을 사 먹을 수도 있고, 갖고 싶었던 인형을 살 수도 있는데 그걸 포기하고 아빠에게 돈을 빌려주는 거잖아. 그래서 아빠에게 조건을 거는 거지. "이틀 후에 11,000원으로 갚는다면 돈을 빌려줄게요"라고 말이야. 아빠는 당장 돈이 필요하기 때문에 1,000원을 더 내면서도 하윤이에게 돈을 빌릴 수밖에 없어.

이때 아빠가 얹어 주는 1,000원이 바로 이자야. 이자는 '돈이나 물건을 빌려 쓴 대가로 내는 일정한 비율의 돈'을 말한단다.

 그럼 아빠한테 돈을 많이 빌려줄수록 이득이네요. 은행도 마찬가지고요.

그렇지. 은행이 사람들에게 돈을 빌려주는 것을 '대출'이라고 하는데 은행은 대출을 해 주고 받는 이자로 돈을 벌어.

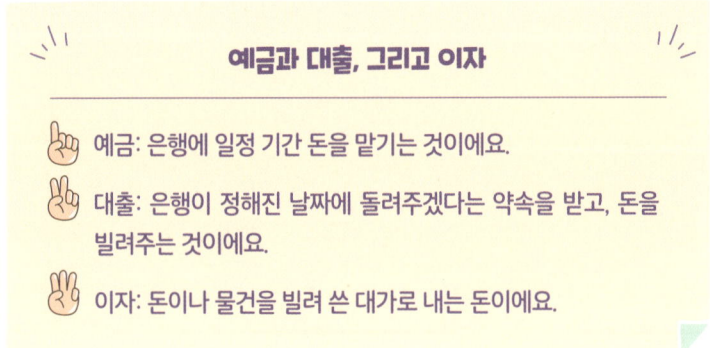

예금과 대출, 그리고 이자

☝ 예금: 은행에 일정 기간 돈을 맡기는 것이에요.
✌ 대출: 은행이 정해진 날짜에 돌려주겠다는 약속을 받고, 돈을 빌려주는 것이에요.
🖐 이자: 돈이나 물건을 빌려 쓴 대가로 내는 돈이에요.

그런데 아빠, 은행에 가 보면 '금리 3%'라는 말이 쓰여 있던데, 이자랑 금리는 뭐가 다른 거예요?

금리와 이자는 거의 비슷한 말인데, 두 가지 다른 점이 있어. 첫째, 이자는 좀 더 넓은 범위에서 사용돼. 보통 이자는 돈뿐만 아니라 다른 '물건'을 빌려준 다음에 받는 대가를 의미하는데, 금리는 '돈'을 빌려준 뒤에 받는 대가를 이야기할 때만 사용하지.

둘째, 이자는 돈을 맡길 때 받는 '값'이라면, 금리는 '비율'이라고 할 수 있지. 예를 들어서 하윤이가 100만 원을 은행에 맡기고 돈을 5만 원 더 받았다고 해 보자. 그럼 이자는 5만 원이겠지? 금리는 은행에 맡긴 돈과 이자의 비율이니까, 이자 5만 원을 맡긴 돈 100만 원으로 나눈 5%가 되는 거지. 이때 이 5%라는 비율을 '금리'라고 해.

아빠가 금리는 '돈이 얼마나 인기가 있는지를 하나의 숫자로 표현한 것'이라고 했지? 어렵겠지만 잘 따라와 봐. 예를 들어 볼게. 하윤이가 좋아하는 만화책의 다음 권이 내일 나오는데 용돈을 다 써 버린 거야. 그런데 이번 책은 몇 권 안 나와서 빨리 사지 않으면 영영 가질 수 없을지도 몰라.

 안 돼! 그럼 돈을 빌려서라도 빨리 사야죠.

그래서 하윤이가 아빠한테 돈을 빌리면서 이렇게 말해. "1만 원만 빌려주시면 일주일 뒤에 이자 500원 붙여서 1만 500원으로 갚을게요."
그런데 아빠가 선뜻 돈을 빌려주지 않고 이렇게 말하는 거야. "하윤아, 옆집 슬기는 이자를 1,000원이나 준다고 하는데?" 그러자 돈이 꼭 필요한 하윤이는 "저는 이자 1,500원 드릴게요!" 하는 거지.

 제가 내야 하는 이자가 계속 올라가네요?

맞아. 돈이 필요한 사람이 많기 때문에 돈의 가치가 높아지는 거지. 1만 원을 빌리는 데 이자가 500원이 붙으면 금리가 5%지? 이자가 1,000원이 붙으면 금리가 10%, 이자가 1,500원이 붙으면 금리는 15%가 되는 거고. 그러니까 금리가 오른다는 건 높은 이자를 주더라도 돈을 빌리고 싶은 사람이 많다는 말이야. 어때? 금리가 올라간다는 것은 돈의 인기도가 높아진다는 말, 이제 이해가 되지?

반대로 돈을 빌리려는 사람이 많지 않으면 은행은 금리를 내릴 수밖에 없을 거야. 내야 할 이자가 많아지면 사람들이 돈을 빌려가지 않을 테니 말이야. 그럼 그만큼 돈의 가치도 떨어지는 거야.

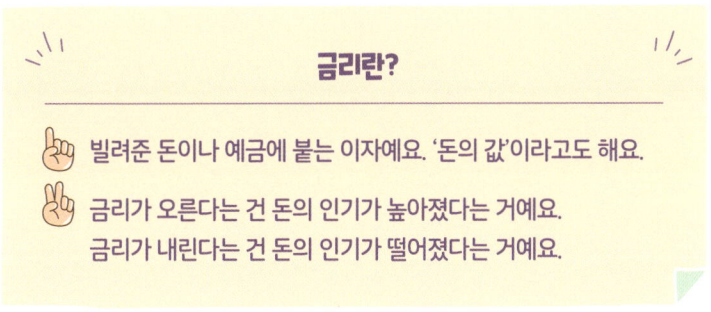

금리란?

✋ 빌려준 돈이나 예금에 붙는 이자예요. '돈의 값'이라고도 해요.

✌️ 금리가 오른다는 건 돈의 인기가 높아졌다는 거예요.
금리가 내린다는 건 돈의 인기가 떨어졌다는 거예요.

 아빠, 돈에도 수요와 공급의 원리가 똑같이 작용하나 봐요.

하윤이가 이제 경제 박사가 다 됐네! 돈의 가격을 의미하는 금리도 돈의 인기에 따라서 결정된다는 게 신기하지 않아? 지난 시간에 수박의 가격이 어떻게 결정되는지 배웠던 거 기억나지? 수박의 인기에 따라서 가격이 결정되는 것과 함께 한 가지 더 설명한 게 있는데…….

 보이지 않는 손! 아, 근데 보이지 않는 손이 뭘 어떻게 한다고 했더라?

보이지 않는 손까지만 기억나는구나! 애덤 스미스가 이야기한 보이지 않는 손은 누가 시키지 않아도 사람들이 알아서 가장 적절한 가격을 찾아간다는 의미였지.

금리도 마찬가지야. 돈에 대한 인기에 따라서 혹은 돈이 얼마나 공급되는지에 따라서 가격이 자연스럽게 결정된단다. 그래서 금리도 상황에 따라서 계속 바뀐다는 것을 기억해 두자.

"아빠, 지금 예금 금리가 얼마예요?"

"어디 보자. 우리 집 앞에 있는 은행에서 3%를 주고 있네? 꽤 높은걸?"

"그럼 제가 저금통에 모아 놓은 돈은 거기에 맡겨야겠어요. 나중에 제가 어른이 될 때 이자가 10만 원은 붙어 있겠죠?

"꾸준히 저축하면 10만 원보다 훨씬 더 많은 이자가 붙을 수도 있지!"

"정말요? 우리 빨리 은행 가요!"

환율

어떤 나라의 돈이 더 인기 있을까요?

💡 세계 곳곳에서 순간순간 오르내리는 환율!
환율은 무엇이고 왜 중요할까요?

💡 키워드: 환전, 환율, 빅맥 지수

"하윤아, 휴가 갈 준비 다 했니?"

"네, 아빠! 비행기 탈 걸 생각하니까 벌써 설레요."

"아빠가 오늘 은행에 가서 환전해 왔는데 하윤이에게도 조금 줄게. 비상금으로 가지고 있으렴."

"와, 베트남 돈은 처음 봐요. 우리나라 지폐랑 크기도 다르네요."

"우리나라 돈의 단위는 '원'이지? 베트남 돈의 단위는 '동'이야."

"그런데 아빠, 이 지폐에 50만이라고 적힌 거 맞아요? 저 이거 안 받을래요. 이렇게 큰돈을 가지고 있다가 잃어버리면 어떡해요?"

"하하, 50만 동짜리 지폐를 보고 놀랐구나? 동과 원은 가치가 달라서 50만 동은 우리나라 돈 25,000원 정도란다."

"나라마다 돈의 가치가 다르다고요? 이해가 잘 안 돼요."

세계 여러 나라들은 각자 자기 나라만의 돈을 가지고 있어. 우리나라는 '원'으로 끝나는 돈을 쓰지? 그래서 '원화'라고 한단다. 우리가 원화로 경제활동을 하는 것처럼 중국에서는 위안화, 미국에서는 달러화, 일본에서는 엔화를 사용해.

각 나라가 다른 돈을 사용하니 해외여행을 갈 때는 우리나라 돈을 그 나라 돈으로 바꿔야 해. 이렇게 종류가 다른 화폐를 서로 교환하는 것을 '환전'이라고 해. 그리고 두 나라의 화폐를 바꿀 때의 비율을 '환율'이라고 하지. 한자로 '바꿀 환(換)', '비율 율(率)' 자를 써.

아빠, 환율은 매일 바뀌는 거죠? 저번에 여행 갈 때 보니 공항에 있는 은행 환율 판 숫자가 계속 달라지더라고요.

맞아. 환율은 매일 바뀌어. 오르기도 하고, 내리기도 하지. 오늘은 1달러를 1,100원에 살 수 있지만 내일은 1,300원을 줘야 할 수도 있어. 이렇게 환율이 1,100원에서 1,300원으로 바뀌면 '환율이 올라갔다'고 말한단다.

그런데 환율은 왜 매일 바뀌는 거예요? 또 언제 오르고 언제 내려요?

환율도 수박 가격이 결정되는 과정과 똑같이 생각하면 된단다. 달러가 수박이라고 생각해 볼까? 수박의 가격은 언제 올랐지?

 수박을 사려는 사람이 많을 때요.

그래. 다들 수박을 먹고 싶어 할 때는 비싸게 팔아도 팔리지. 이제 수박의 자리에 달러를 넣어서 생각해 보자. 달러의 가격이 올라갈 때는 언제일까?

 달러를 필요로 하는 사람이 많을 때요?

맞아. 반대로 달러를 필요로 하는 사람이 적을 때에는 달러의 가격이 떨어지지.
자, 그럼 배운 것을 응용하는 문제를 하나 내 볼게. 우리나라에서 미국으로 유학 가는 사람들이 많아지면 달러는 싸질까? 아니면 비싸질까?

 달러가 필요한 사람이 많으니까 달러가 비싸져요. 그러니까, 환율은 올라가요! 수박 가격이 비싸지는 것처럼 말이죠.

반대로 미국으로 유학 가는 사람이 줄어들면 환율이 내려가겠네요.

그렇지. 이젠 아빠가 물어보지 않은 것까지 척척 대답하네.

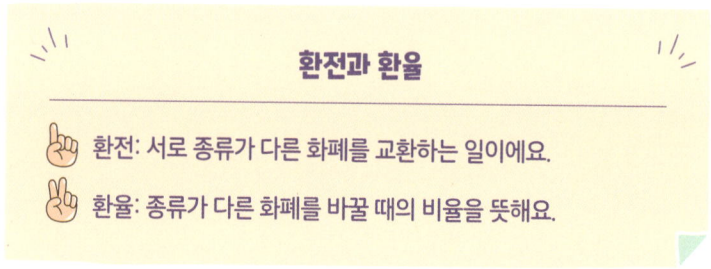

환전과 환율

👆 환전: 서로 종류가 다른 화폐를 교환하는 일이에요.

✌️ 환율: 종류가 다른 화폐를 바꿀 때의 비율을 뜻해요.

환율은 각 나라에서 사용하는 돈과 돈 사이의 관계이기도 해. 그래서 '원-달러 환율', '원-엔 환율' 등으로 표현한단다. 다른 나라의 돈과 우리나라 돈의 관계는 시소처럼 움직여서 우리나라 돈의 가치가 높아지면 상대 나라 돈의 가치가 낮아지고, 우리나라 돈의 가치가 낮아지면 상대 나라 돈의 가치가 높아져. 그래서 환율을 보면 세계에서 우리나라 돈의 가치를 알 수 있단다.

예를 들어 달러가 비싸지면 그만큼 원화를 더 주고 사야 하는 거니까 원화의 가치는 떨어지는 거지.

환율은 시소처럼 움직인다! 기억해 둘게요.

환율에 대해 이야기할 때 빠지지 않는 햄버거 얘기도 해 줄게. 하윤이도 맥도날드 햄버거 먹어 봤지? 맥도날드는 전 세계 여러 나라에 매장을 가지고 있어.

 아빠, 저는 맥도날드에 가면 꼭 빅맥 버거를 먹어요. 고기가 두 장이나 들어 있잖아요!

하윤이가 좋아하는 빅맥은 맥도날드의 대표 메뉴라서 전 세계 모든 매장에서 판매하고 있대. 1년 동안 13억 개가 넘게 팔린다고 하니 어마어마하지?
영국의 경제 잡지인 《이코노미스트》에서는 1986년부터 전 세계 빅맥의 가격을 비교해 국가 간 환율을 측정하고 있어. 이것을 '빅맥 지수'라고 한단다.
똑같은 재료로 만든 똑같은 크기의 햄버거니까 어디서나 같은 가격에 팔려야겠지? 그런데 실제로는 나라마다 빅맥의 가격이 다 달라.

2023년 1월 자료를 찾아보니까 우리나라에서는 4,900원, 미국에서는 5.36달러네요?

5.36달러를 우리나라 돈으로 바꾸면 6,600원이 조금 넘어. 똑같은 빅맥인데 가격은 1,700원이나 차이가 나지? 차이가 나는 이유는 나라마다 환율이 다르기 때문이고, 그 정도를 빅맥 가격으로 알 수 있단다.

빅맥 가격은 나라마다 달라요!

 빅맥 지수란 국가별 빅맥의 가격을 비교해 국가 간 물가, 환율 수준을 측정한 것으로, 매년 1월, 7월 발표돼요.

 미국 빅맥 가격은 우리나라보다 1,700원 정도 더 비싸요.

나라마다 각각 다른 종류의 화폐를 사용하고 있다는 것, 그리고 각 나라 화폐의 가치는 모두 다르다는 것을 이제 잘 알겠지? 환율은 해외여행을 갈 때뿐만 아니라 나라끼리 물건을 사고팔 때에도 아주 중요하단다. 하윤이가 경제 공부를 계속하다 보면 왜 매일매일 뉴스에서 환율에 대한 이야기를 하는지 알게 될 거야.

"하윤아, 사실 이번 여행지의 최종 목적지는 베트남이 아니라 미국이야!"

"베트남에 들렀다가 미국까지 간다고요? 와, 너무 좋아요!"

"그런데 아빠가 이번 여행에서 실수를 하나 했어. 엄마가 미국을 가기 전에 호텔값을 미리 낼지, 아니면 미국에 가서 낼지 아빠한테 물어봤거든?

아빠 생각에는 환율이 떨어질 것 같아서 미국에 가서 내자고 했지. 그런데 1,200원이었던 환율이 지금은 1,300원이 되어 버렸어."

"앗, 달러가 더 비싸졌다는 거네요? 그럼 호텔값도 더 많이 내야 하는 거죠?"

"맞아. 미리 냈으면 더 좋았을 텐데. 아빠가 선택을 잘못했네."

"어휴! 환율이 왜 중요한지 잘 알겠어요!"

물가

물건의 가격이 다 같이 움직여요

 물건의 가격이 오르락내리락하는 이유는 무엇일까요?

 키워드: 물가, 인플레이션, 통화량

"하윤아, 무슨 일 있니? 잔뜩 화가 난 표정인데?"

"아빠, 붕어빵값이 또 오른 거 있죠? 제가 1학년 때는 학교 앞에서 파는 붕어빵이 2개에 500원이었거든요. 3학년 때는 1,000원으로 올랐고요. 지금은 얼마인지 아세요?"

"글쎄?"

"2,000원이에요. 붕어빵 크기도 똑같은데······."

"하윤이가 5학년이 되는 동안 붕어빵값이 4배나 올랐구나! 하긴, 그동안 물가가 많이 올랐으니 붕어빵값도 올랐겠지."

"물가요? 그게 왜 올라요?"

'물가'는 한자어인데 '물건 물(物)', '값 가(價)'자를 써. 물건의 가격이라는 뜻이야.

🧑 물건의 가격을 물가라고 한다고요? 그냥 가격이라고 하면 되는데 왜 어렵게 물가라고 해요?

가격과 물가는 좀 달라. 가격은 '각각의 상품 가치를 돈으로 표시한 것'이고, 물가는 '여러 가지 상품들이 평균적으로 얼마의 가격에 거래되고 있는지를 표현한 것'이란다.
영어 단어를 보면 조금 더 명확해. 가격을 뜻하는 영어 단어는 '프라이스(Price)', 물가를 뜻하는 영어 단어는 프라이스에 여러 개라는 뜻의 알파벳 S를 붙인 '프라이시스(Prices)'거든.

🧑 그러니까 물가는 가격'들'이라는 의미네요. 그러면 '물가가 올랐다'는 말은 물건의 가격들이 한꺼번에 올랐다는 뜻인가요?

그렇지. 지금부터 물가가 오르거나 내리는 이유를 알아보자. 1970년대에는 짜장면이 한 그릇에 100원이었대. 그런데 지금은 짜장면 한 그릇에 1만 원이 넘는 곳도 있더라고. 짜장면뿐이 아니야. 삼겹살값도 30배가 넘게 올랐단다. 이렇게 밖에 나가서 사 먹는 음식의 값이 전체적으로 올랐으니 '외식 물가가 올랐다'고 할 수 있겠지.

외식 물가가 오른 이유는 여러 가지가 있을 거야. 짜장면에 들어가는 마늘과 양파도 값이 많이 올랐고, 면을 만드는 밀가루값도 많이 올랐지. 그리고 요리사의 월급도 많이 올랐어.

 그러니까 음식을 만드는 비용이 전부 올랐기 때문에 물가가 오른 거군요?

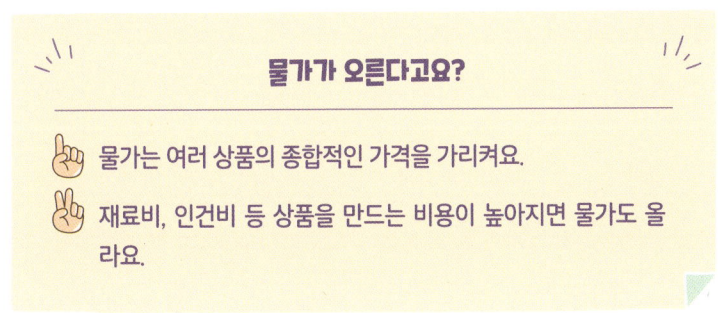

물가가 오른다고요?

- 물가는 여러 상품의 종합적인 가격을 가리켜요.
- 재료비, 인건비 등 상품을 만드는 비용이 높아지면 물가도 올라요.

지난 시간에 '가치'에 대해서 설명할 때 했던 이야기 기억나니? 하윤이가 "수박의 원래 가격이 얼마인지 저는 관심 없어요. 제가 생각한 가치보다 비싸면 안 사 먹을 거예요"라고 했던 거 말이야.

기억나요. 수박을 먹었을 때의 만족감이랑 가격을 비교해서 살지 말지 결정하는 거라고 했었죠.

물가도 두 가지 관점에서 생각해 볼까? 물건을 만들어서 파는 사람 입장과 물건을 사서 쓰는 사람의 입장으로 말이야. "양파나 마늘 가격, 그리고 밀가루 가격까지 올라서 짜장면 만드는 데 돈이 많이 들어요"라고 말하는 것은 짜장면을 만드는 사람의 입장이야. 비용이 올라서 어쩔 수 없이 가격이 올라가는 것을 어려운 말로 '비용이 밀어내는 물가 상승'이라고 이야기해. 사실 이런 이유 때문에 물가가 오르는 건 좋지 않아.

 비용이 올라서 가격도 어쩔 수 없이 떠밀려서 오른다는 뜻인가 봐요!

하하. 그렇게 기억하면 되겠네! 이제 반대의 경우를 생각해 볼까?

짜장면을 만드는 데 드는 돈은 똑같은데, 짜장면을 사 먹는 사람들이 월급을 더 많이 받는 거야. 사람들이 여유가 생기니까 짜장면을 더 비싼 가격에 사 먹을 수 있는 상황이 된 거지. 그러면 짜장면을 만드는 사람은 "손님, 짜장면이 더 비싸졌는데도 사 주시니 감사합니다"라고 이야기하겠지? 그리고 짜장면을 먹는 사람은 "아이고, 사장님 괜찮습니다. 저 돈 많아요. 짜장면 더 주세요"라고 이야기할 거야. 이런 걸 '수요가 끌어당기는 물가 상승'이라고 표현해. 이런 경우는 서로에게 기분 좋은 물가 상승이 된단다.

물건의 가격이 올라가는 이유가 '끌어당겨서'도 있고, '뒤에서 밀어서'도 있다는 게 재미있네요. 그리고 물가가 오르는 이유에 따라서 좋을 수도 있고, 안 좋을 수도 있다는 것도 신기하고요.

물가가 바뀌는 또 한 가지 이유를 설명해 줄게. 뭐든지 양이 많아지면 가치가 하락한다고 했지? 그럼 돈의 양이 많아지면 돈의 가치는 어떻게 될까?

돈의 가치가 떨어져요!

맞았어. 그런데 돈의 가치가 떨어지면 물건의 가격이 오른 것처럼 보이기도 해. 예를 들어 달걀이 한 판에 8,000원이었는데 물가가 올라서 1만 원이 됐다고 해 보자. 똑같은 달걀인데 원래 내던 돈보다 2,000원이나 더 내야 얻을 수 있게 된 거야.

 예전에는 1만 원을 가지고 달걀 한 판을 사도 돈이 남아서 과자 한 봉지까지 살 수 있었는데 이제는 달걀 한 판밖에 못 사니까 내가 가진 돈의 가치가 떨어진 게 맞네요.

그렇지. 물가가 오른 만큼 내가 가진 돈의 가치는 떨어진단다. 돈의 가치가 떨어지고 물가가 계속해서 오르는 것을 어려운 말로 '인플레이션'이라고 해. 라틴어로 '부풀어 오르다'라는 뜻을 가진 '인플라레(Inflare)'에서 유래한 말이지.

 아빠가 작년에 유튜브 방송할 때 제일 많이 썼던 말이 '인플레이션'이어서 저도 자주 들었던 단어예요.

아하, 그랬어? 맞아. 2022년에는 정말 전 세계가 인플레이션 때문에 난리가 아니었지. 그래서 아빠가 유튜브 방송에서 자주 이야기했었어.

인플레이션이 생기는 이유는 다양해. 먼저 자연재해나 전쟁 등이 원인이 될 수 있어. 나라 간의 이동이 제한되면서 해외에서 물건을 사 오지 못하기 때문이야. 우리나라가 외국에서 많이 사들이는 밀, 옥수수, 설탕 등이 귀해지면서 가격이 올랐고, 이것들로 만드는 빵, 과자 등의 가격도 덩달아 오르는 거지.

그리고 정부에서 통화량을 과도하게 늘렸을 때에도 인플레이션이 생길 수 있어.

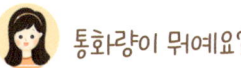 통화량이 뭐예요?

나중에 자세하게 소개할 건데, 일단 '세상에 돌아다니는 돈의 양'이라고 이해하면 돼.

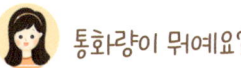 그럼 정부가 통화량을 늘렸다는 건, 나라에서 돈의 양을 늘렸다는 거예요? 돈을 늘린다니……. 그래도 되는 거예요?

약 100년 전쯤에 있었던 일이야. 1차 세계대전이 끝나고 전쟁을 일으킨 나라였던 독일은 어마어마하게 많은 벌금(전쟁

배상금)을 내게 되었어. 전 국민이 1년 동안 쉬지 않고 일해도 낼 수 없을 만큼의 큰돈이었지. 그 큰돈을 어떻게 마련할까 고민하던 독일 정부는 돈을 마구 찍어냈어. 그리고 그 돈으로 벌금을 냈단다.

 네? 낼 돈이 없어서 찍어냈다고요? 돈을 만들어 냈다는 거예요?

그래. 지금 생각하면 정말 말도 안 되는 얘기지만 그렇게 했지. 그래서 갑자기 어마어마한 돈이 나라에 쏟아지기 시작했어.

돈이 갑자기 늘어났는데 사고팔 수 있는 물건의 양은 정해져 있으니 돈의 가치는 곤두박질쳤지. 어느 정도였냐면 아이들이 지폐 뭉치를 가지고 블록처럼 쌓기 놀이를 하고, 빵 한 덩이를 사기 위해 손수레 가득 지폐를 싣고 빵집에 가기도 했다고 하더라고. 또 너무 추워서 불을 피우는 데에 지폐 뭉치를 사용하기도 했다고 해. 땔감 나무 한 조각보다 지폐 한 뭉치가 더 저렴했기 때문이야.

 돈 뭉치를 종이처럼 불에 태운다니! 상상도 못 할 일이 있었던 거네요!

인플레이션의 뜻은 부풀어 오르다!

 인플레이션은 돈의 가치가 떨어지고 물가가 지속적으로 오르는 현상이에요.

 통화량이 급속하게 늘어나면 인플레이션이 생길 수 있어요.

여기서 아빠가 질문을 하나 해 볼게. 물가는 오르는 게 좋을까? 아니면 안 오르는 게 좋을까?

 물건은 싸게 사는 게 좋으니까 물가는 내리는 게 좋아요! 아니, 잠깐만요. 그럼 짜장면 가게 사장님이 가난해질 테니 물가가 오르는 게 좋아요! 아니, 사실 잘 모르겠어요…….

하윤이가 고민하는 걸 보니 아빠가 물가에 대해서 잘 설명했다는 생각이 드는걸? 물가는 너무 많이 오르는 것도 좋지 않고, 너무 많이 내리는 것은 더 좋지 않아.

예를 들어서 짜장면 가격이 계속 오르면 하윤이가 짜장면을 먹을 기회는 점점 더 적어질 거야.

반대로 짜장면의 가격이 매일 떨어진다고 생각해 볼까? 사람들은 짜장면을 오늘 먹지 말고 내일 먹자면서 소비를 미루게 될 거야. 왜냐하면 하루만 참으면 더 싸게 사 먹을 수 있으니까. 하지만 많은 사람들이 똑같이 행동해서 짜장면 먹는 것을 미루게 되면 가게는 장사가 잘 안될 거고 결국 돈이 돌지 않아서 사람들은 더 가난해질 거야.

 물가가 너무 올라도, 너무 내려가도 좋지 않네요?

바로 그거야! 물가는 오르지도, 내리지도 않는 '안정된 상태'가 가장 좋아. 그래야 거래가 원활하게 이루어지고, 거래가 잘되어야 경제도 잘 돌아가니까 말이야.

"아빠, 저 돈이 엄청 많아지면 돈으로 방석을 만들어서 진짜 돈방석에도 앉아 보고 싶어요!"

"어허! 하윤아, 인플레이션이 닥치면 어떤 일이 일어나는지 배우고도 그런 얘기를 해?"

"그게 아니고요. 용돈 아껴 써서 열심히 저축하고, 경제 공부도 열심히 하면 부자가 될 수 있을 거 아니에요. 그러면 한 번쯤은 플렉스 해볼 수 있잖아요."

"하하하, 그래. 그러려면 일단 지금까지 배운 내용 복습부터 하자!"

제3장

눈에 보이지 않는 돈

할부

비싼 물건은 돈을 나눠서 내요

💡 신용카드로 계산할 때 자주 듣는 말, "할부로 해 드릴까요?" 여기서 '할부'는 무슨 뜻일까요?

💡 키워드: 할부, 할부 수수료

"와, 아빠 새 노트북 완전 멋져요!"

"하윤이랑 경제 공부도 하고 유튜브에 올릴 영상도 잘 만들어 보려고 새로 샀지!"

"저도 돈 모아서 노트북 사고 싶어요. 노트북은 얼마가 있어야 살 수 있어요?"

"40만 원을 줬어."

"정말요? 노트북은 100만 원도 넘는다고 들었는데 생각보다 싸네요?"

"아빠는 노트북 가격의 1/3만 내고 산 거야."

"어디에서 그렇게 싸게 팔아요?"

"싸게 산 건 아니고, 노트북값을 3개월 동안 나누어 내기로 했어. '할부'로 말이지."

신용카드로 비싼 물건을 살 때 꼭 듣는 말이 있는데, 뭘까?

 저 알아요! 엄마가 물건 살 때 계산하시는 분이 "일시불이에요? 아니면 할부로 하실래요?" 이렇게 물었어요.

잘 기억하고 있네. '일시불'이라는 건 한 번에 돈을 다 낸다는 것이고, '할부'는 돈을 여러 번 나누어 낸다는 뜻이야. 물건을 먼저 받고, 물건값은 3개월, 6개월, 12개월 등으로 나눠서 치르는 거지. 텔레비전, 냉장고, 세탁기 등 꼭 사야 하는 값비싼 물건이 있는데 가지고 있는 돈이 적을 때 할부 제도를 이용해 구입할 수 있어.
할부 거래는 약 100년 전, 미국에서 시작되었다고 알려져 있어. 처음으로 할부 거래가 이뤄진 제품이 뭔지 맞춰 볼래?

 냉장고나 자동차 아닐까요? 크고 비싸서 할부가 필요했을 것 같아요!

아, 100년 전 이야기라 생각하기 쉽지 않았겠구나. 처음으로 할부 거래가 시작된 것은 재봉틀이었어. 옛날에는 재봉틀도 할부로 구매했지. 하윤이가 재봉틀을 본 적이 있으려나 모르겠다. 지금은 집에서 잘 사용하지 않지만 옛날에 재봉틀은 미국 여성들이 바느질에서 벗어날 수 있게 해준 획기적인 제품이었어. 가격도 자동차만큼이나 비싸서 웬만한 부자가 아니고서는 가질 수 없는 물건이었지.

그런데 재봉틀이 너무 비싸니까 잘 팔리지 않았어. 그래서 재봉틀 회사에서 아이디어를 냈어. 재봉틀을 사겠다고 결정한 사람들이 1달러만 먼저 내면 물건을 주는 거야. 그리고 나머지 금액은 매주 1달러씩 내서 갚는 제도를 만들었지.

 1달러만 가지고도 비싼 물건을 살 수 있으니까 사람들이 좋아했겠네요?

맞아. 재봉틀이 불티나게 팔렸대. 그 뒤로 할부로 판매하는 물건들이 늘어났지.

1920년대는 할부 판매가 가장 적극적으로 이루어졌던 때야. 미국 경제가 엄청난 속도로 성장하던 시기라서 돈이 흘러넘쳤거든. 정부와 기업에서는 사람들에게 돈을 쓰라고 권했고, 비싼 물건도 할부로 살 수 있도록 했어. 집집마다 이전까지는 비싸서 살 수 없었던 세탁기, 냉장고, 라디오 등을 할부로 사면서 가전제품이 생활 필수품이 되었단다.

돈을 여러 번 나누어 내는 할부!

 할부 제도는 약 100년 전 미국에서 시작되었대요.

 최초로 할부 판매 대상이 된 상품은 재봉틀이었어요.

 아빠, 궁금한 게 있어요. 할부로 물건을 샀는데 물건값을 다 내지 못하면 어떻게 해요?

좋은 질문이야. 하윤이가 어떤 물건을 친구에게 팔았는데 친구가 "할부로 돈을 줄게"라고 하면 어떨 것 같아?

 음. 믿을 만한 친구라면 상관없겠지만 왠지 믿음이 안 가는 친구도 있어서 좀 고민이네요.

믿음이라는 표현 좋다! 할부라는 것은 결국 "나중에 줄게" 하고 약속하는 건데 두 사람 사이에 믿음이 없으면 이런 거래를 할 수 없겠지? 할부로 물건을 팔았는데 물건값을 다 받지 못하면 하윤이는 손해를 보니까 말이야. 할부로 물건을 파는 회사도 마찬가지일 거고. 그래서 지금은 아무나 할부로 물건을 살 수 없어.

할부는 신용이 보증된 사람만 이용할 수 있는 서비스야. 조금 쉽게 이야기하면, 돈을 갚을 능력이 있다고 인정받은 사람만 할부로 물건을 살 수 있다는 거지.

그런데 하윤아, 이 사람이 도망치지 않고 돈을 잘 갚을 수 있을지는 어떻게 알 수 있을까?

 그러게요? 어떻게 믿을 수 있는 사람인지 알 수 있을까요?

쉽지 않은 문제지. 물건을 살 때마다 그 사람 집에 가서 돈이 얼마나 있는지 물어볼 수도 없고 말이야. 어쨌든 이 사람을 믿을 수 있는지 확인할 방법은 여러 가지가 있어. 집에 돈이 많은지, 좋은 직장에 다니는지, 할부로 갚는다고 하고 도망간 적은 없는지 알아보면 되겠지? 최근에는 기술이 발전해서 이 사람이 했던 거래를 다 기록해 두고 신뢰할 수 있는지를 검증하기도 한단다.

참, 할부를 이용하려면 '할부 수수료'를 내야 해. 할부 수수료는 물건값 외에 매달 추가로 지불해야 하는 이자인데, 이건 왜 내야 하는 걸까?

물건을 살 때는 "고마워" 하고 돈을 줘야 하는데 한 번에 못 주고 나눠서 주는 거니까, 이번에는 "나를 믿고 할부로 해 줘서 고마워" 하고 돈을 주는 것 아닐까요?

맞아. 아빠가 물건을 팔았는데 친구가 돈을 할부로 낸다고 하면 아빠는 이렇게 이야기할 것 같아. "친구야, 네가 돈을 바로 다 주면 나는 그 돈을 은행에 맡기고 이자를 받으려고 했어. 그런데 돈을 나중에 주면 내가 이자를 못 받으니까 네가 그 이자만큼 더 줬으면 좋겠어"라고 말이야.

 음, 그러면 할부 기간이 길어지면 수수료를 더 많이 내야겠네요?

우와, 정확해! 은행에 돈을 3개월만 맡기는 것과 12개월을 맡기는 건 다르겠지? 12개월 동안 돈을 맡기면 이자를 더 많이 받을 수 있었을 테니까 그만큼 수수료를 더 내야 하는 거지. 수수료를 생각하면 무조건 할부를 길게 한다고 좋은 건 아니라는 걸 알 수 있어.

할부를 이용하면 발생하는 할부 수수료!

 할부를 이용하려면 판매자에게 줘야 할 나머지 돈에 대한 이자도 지불해야 해요.

 할부 기간이 길어질수록 할부 수수료는 더 많아져요.

"아빠, 우리 오늘 외식하기로 한 거 취소할까요?"

"갑자기 왜? 지난주부터 외식한다고 좋아했잖아."

"아빠가 노트북값을 3개월 동안 내야 한다고 생각하니 마음이 불편해요. 이번에 외식 안 하면 할부 수수료 한 달 치는 아낄 수 있는 거 아니에요?"

"와아, 너무 기특한데? 그런데 하윤아, 아빠는 할부 수수료가 공짜야. 아빠가 쓰는 카드 회사에서 할부 수수료 무료 이벤트를 하고 있었거든."

"진짜예요? 그럼 수수료가 공짜인 거예요?"

"그럼. 이제 우리 하윤이가 좋아하는 피자 먹으러 가 볼까?"

"너무 좋아요!"

신용

돈 좀 빌려주세요!

> 💡 돈이 필요하면 은행에서 빌릴 수 있어요.
> 대신 약속을 꼭 해야겠죠?
>
> 💡 키워드: 신용, 원금, 이자, 경제 순환

"아빠, 저 소영이 생일 선물을 사야 하는데 용돈이 다 떨어졌어요. 1만 원만 빌려주시면 안 될까요?"

"흠. 빌려줄 수는 있는데, 아빠한테 어떻게 돌려줄 거야?"

"다음 달 용돈 받으면 바로 갚을게요!"

"좋아. 대신 조건이 있어. 돈을 빌려 가려면 1만 원에 1,000원을 더 붙여서 총 1만 1,000원을 다음 달에 아빠한테 줘야 해."

"1,000원이나요? 아…… 어쩔 수 없죠. 그렇게 할게요."

"자, 여기 1만 원."

"감사합니다."

"하윤아, 지금 우리 사이에 무슨 변화가 생겼는데 맞춰 볼래?"

"잘 모르겠어요. 무슨 변화가 생겼죠?"

"신용이 '뿅' 하고 탄생했어."

"신용이요?"

하윤아, 우리가 처음 시작할 때 '거래'에 대해서 배웠던 것 기억하지? 거래는 '서로 주고받는 것'을 의미한다고 했어. 예를 들어 A를 주는 사람이라고 하고, B가 받는 사람이라고 해볼까? A가 쿠키나 자동차 같은 '재화'나, 영어 수업 같은 '서비스'를 B에게 주면 이것을 받은 B는 "고마워"라고만 하지 않고 A에게 뭔가를 주는데 그게 바로…….

 돈! 돈을 줘야 해요!

맞아. 그런데 재화나 서비스를 받는 대가로 돈을 줄 수도 있지만 다른 것을 줄 수도 있어. 바로 지난 시간에 배운 것처럼 "나중에 줄게" 하고 약속하는 할부야. 나중에 준다는 것은 서로 간에 믿음이 있을 때만 가능한 거래라고 했었지.
그런데 이 '믿음' 또는 '신뢰'는 경제를 이해하는 데 정말 중요한 개념 중 하나야. 왜냐면 경제가 잘 돌아가려면 거래가 활발하게 이루어져야 하는데, 신뢰의 크기가 거래가 얼마나 잘 이루어지는지를 결정하거든.

 경제라는 건 왠지 딱딱해 보이기만 했는데 믿음, 신뢰처럼 부드러운 단어나 나오니까 신기하기도 하고 재미있기도 하네요.

지난 시간에 배웠던 '할부'는 "물건은 먼저 쓰고 돈은 나중에 줄게요" 하는 개념이라면, 오늘 배울 신용이라는 것은 "나중에 갚을 테니 돈 좀 빌려주세요"라는 개념이라고 할 수 있어.

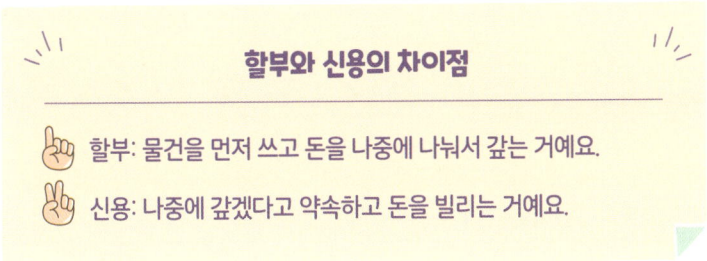

할부와 신용의 차이점

👆 할부: 물건을 먼저 쓰고 돈을 나중에 나눠서 갚는 거예요.
✌️ 신용: 나중에 갚겠다고 약속하고 돈을 빌리는 거예요.

그런데 사람들은 왜 돈을 빌리려고 하는 걸까? 하윤이는 돈이 생긴다면 뭘 사고 싶어?

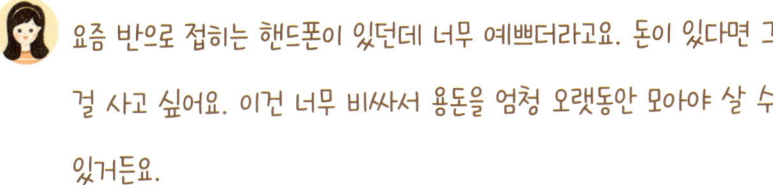

요즘 반으로 접히는 핸드폰이 있던데 너무 예쁘더라고요. 돈이 있다면 그걸 사고 싶어요. 이건 너무 비싸서 용돈을 엄청 오랫동안 모아야 살 수 있거든요.

하윤이처럼 뭔가 사고 싶은 게 있는데 돈이 부족하다면 빌리는 것도 방법이겠다. 돈을 빌릴 수 있는 곳은 다양하지만 은행이 대표적인 곳이니까 은행을 예를 들어서 설명해 볼게. 은행에서 돈을 빌리고 싶으면 "돈 좀 빌려주세요. 나중에 갚을게요"라고 이야기하면 된단다. 그럼 은행에서는 이렇게 이야기하겠지. "하윤이 너는 아직 초등학생인데 어떻게 너를 믿고 빌려주지?"

 저는 거짓말을 안 해요!

하하. 하윤이가 공부도 열심히 하고, 거짓말도 하지 않는 착한 아이인 걸 아빠는 잘 알고 있지만, 은행은 하윤이를 믿지 못할 거야. 앞에서 믿을 수 있는 사람인지 알아보는 여러 가지 방법이 있다고 알려줬지?

 집에 돈이 많은지, 좋은 직장에 다니는지 검증해야 한다고 했어요.

그럼 아빠가 나서야겠네? 아빠가 "저는 이런 일을 하고 있고, 월급도 이만큼 받습니다. 또 그동안 은행이랑 했던 약속을 꼬박꼬박 잘 지켜왔어요!"라고 해 볼까?

그럼 은행에서 이렇게 이야기할 거야. "좋습니다. 그럼 100만 원을 빌려줄 테니, 1년 후에 이자 5만 원과 함께 갚으시겠어요?"라고 말이지. 여기서 100만 원은 원금, 5만 원은 이자야. 이 조건을 아빠와 은행이 약속하고, 또 서로 믿기로 한다면 그때 태어나는 게 있어.

 서로 믿기로 했더니 갑자기 뭐가 태어나요?

'신용'이라는 게 태어나지! 하윤이가 이 세상에 태어나려면 엄마와 아빠가 만나서 결혼도 하고 10개월 동안 하윤이가 엄마 배 속에 있어야 하지만, 신용은 돈을 빌려줄 은행과 돈을 빌리는 사람이 서로 믿기만 하면 바로 태어난단다.

아빠가 은행에서 100만 원을 빌리면 신용이라는 게 태어나. 하윤이가 태어나는 순간 엄마와 아빠는 부모가 되고, 하윤이를 잘 키워야 하는 의무가 생기는 것처럼 '신용'이 태어나는 순간 갚아야 할 의무가 생겨. 정해진 시간에 돈을 갚겠다는 약속을 한 것이니까 약속을 지키지 않으면 벌을 받을 수도 있어.

> ### 신용이 '뿅'하고 태어난대요!
>
> 돈을 빌려주는 사람과 돈을 빌려 가는 사람이 서로 믿고 거래를 하기로 하면 신용이 태어나요.
>
> 돈을 빌리는 사람은 원금과 이자를 갚겠다고 약속해야 해요.

 신용이라는 아이가 태어난다는 설명을 들으니까 재미있는 질문이 생각났어요. 태어난 신용이 죽기도 하나요?

신용이라는 것은 생기기도 하고 하윤이 표현처럼 죽기도 해. 신용이라는 아이가 세상에서 사라지는 건 언제일까? 돈을 빌린 사람이 약속처럼 이자도 꼬박꼬박 내고, 마지막에 빌린 돈(원금)까지 은행에 갚으면 깔끔하게 사라진단다.

그런데 만약 아빠가 약속을 지키지 않고 도망가 버리면 신용은 죽지 않고 계속 남아서 아빠를 괴롭힐 거야. 아빠가 약속을 지키고 은행에 돈을 갚을 때까지 말이지. 약속을 지키지 못하는 사람은 심각하고 무서운 고통을 받게 된단다. 그래서 돈과 관련된 약속은 반드시 지켜야 한다는 것이 신용의 첫 번째 교훈이야.

그런데 경제에서 이 신용이라는 게 그렇게 중요해요?

신용은 돈이 없어도 돈을 빌려서 무엇인가를 살 수 있게 만들기 때문에 중요해. 돈을 써서 물건을 사는 것을 소비라고 하는데, 어떤 사람이 소비를 하게 되면, 반드시 다른 사람에게는 돈이 생기게 되지. 이 돈을 '소득'이라고 한단다.

예를 들어서 하윤이가 문방구에서 돈을 주고 지우개를 사면? 문방구 주인은 하윤이 돈을 받아서 소득이 생기게 되지. 문방구 주인이 돈을 더 많이 벌게 되면 은행에 가서 이렇게 이야기할 수 있을 거야. "지난번에는 제가 많이 못 벌어서 저에게 돈을 안 빌려주셨었는데, 하윤이가 물건을 많이 사서 저 부자가 되었어요. 돈 좀 더 빌려주세요"라고 말이야. 그럼 은행은 "아, 정말 부자가 되셨군요. 돈 더 빌려드릴게요"라고 이야기하게 되고, 그럼 문방구 주인은 그 돈으로 더 많은 소비를 하게 되지.

하윤이의 소비가 문방구 주인의 소득이 되고, 더 많은 신용이 태어나게 되면 더 많은 소비가 일어나겠지? 그러면 또 누군가의 소득이 늘어날 것이고 말이야. 그럼 경제가 점점 더 좋아지겠네?

아빠가 늘 강조하는 이야기네요. 공부를 열심히 하면 공부를 잘하게 되고, 공부를 잘하면 칭찬받고 좋아서 더 열심히 공부하게 된다고…….

맞아. 이런 걸 다른 말로 '선순환'이라고 해. 선순환을 타면 계속 공부를 더 잘하게 되는 것처럼 신용도 한 번 태어나서 경제에 영향을 주기 시작하면 경제가 더 좋아지게 되지.
반대의 경우도 생각해 볼까? 하윤이가 지우개를 안 산다고 해 보자. 그럼 문방구 주인은 소득이 그대로거나 줄어들겠지? 그럼 은행에서 돈도 안 빌려줄 테고. 결국 문방구 주인도 더 이상 돈을 사용하지 못하게 될 거야.

 그렇네요. 신용이라는 것이 경제를 점점 더 좋아지게도, 점점 안 좋아지게도 만들 수 있는 거군요.

> ### 신용이 주는 두 가지 교훈
>
> 신용이 태어나면 사라질 때까지 약속을 잘 지켜야 해요.
> 신용 때문에 경제가 점점 더 좋아지기도 하고 점점 더 안 좋아지기도 하는 순환(사이클)이 생겨요.

"아빠, 제가 우리 사이를 선순환시켜 줄 방법을 찾았어요."

"무슨 방법인데?"

"제가 신용을 계속 쌓는 거예요. 다음 달에 용돈 받자마자 아빠한테 1만 1,000원을 드릴 거예요. 그리고 또 바로 아빠한테 1만 원을 빌려서……."

"아이고, 뭐라고?"

"푸하하. 장난이에요! 돈을 빌리면 이자를 내야 하는데 설마 제가 또 빌리겠어요?"

"우리 하윤이 장난꾸러기였네. 아빠가 하윤이에게 돈을 빌려준 건 '믿음'이 바탕이 되었다는 걸 잊지 마! 아빠는 하윤이를 믿는다!"

"당연하죠, 아빠. 저만 믿으세요!"

통화량

세상에 돌아다니는 돈

> 💡 시중에 돌아다니는 돈의 양은 늘어나기도 하고 줄어들기도 해요. 경제의 흐름을 좌우하는 '통화량'에 대해 알아봐요.
>
> 💡 키워드: 신용창조, 뱅크런, 지급준비금, 지급준비율

"하윤아, 아빠가 문제를 하나 낼게 맞혀 봐."

"좋아요!"

"아빠가 은행에 10만 원을 저금했어. 은행은 아빠가 저금한 돈에서 1만 원만 남기고 9만 원을 하윤이한테 빌려줬지. 하윤이는 돈 9만 원을 빌려서 쓰지 않고 다시 은행에 저금했어. 은행은 하윤이가 저금한 9만 원 중 8만 원을 아인이에게 빌려줬고, 아인이는 이

돈을 다시 은행에 저금했단다. 자, 지금 세 사람의 통장에는 각각 얼마의 돈이 있을까?"

"음, 아빠는 10만 원을 저금했으니까 아빠 통장에는 10만 원이 있죠. 저는 9만 원을 빌렸다가 다시 저금했으니까 통장에 9만 원이 있을 거예요. 그리고 아인이도 8만 원을 빌려서 다시 저금했으니까 통장에 8만 원이 있겠네요?

잠깐, 이상해요! 처음에 아빠가 저금한 돈은 10만 원이었는데……. 통장에 몇 번 넣었다 뺐더니 돈이 3배 가까이 늘었네요?"

"눈치가 빠른걸? 오늘은 이렇게 돈이 늘어나고, 줄어드는 신기한 이야기를 해 줄게."

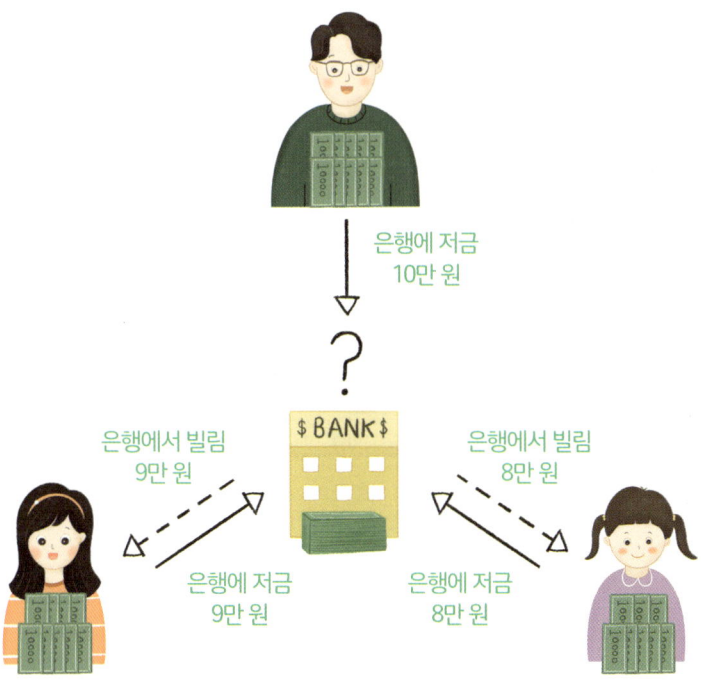

하윤아, '통화'라는 단어 들어본 적 있니?

 전화할 때 통화한다고 하잖아요.

전화로 말을 주고받는 것도 통화라고 하지만, 경제에서 쓰이는 통화라는 단어는 다른 뜻을 가지고 있어.

먼저 통화는 '유통화폐'를 줄인 말이야. 그리고 여기서 맨 앞 글자 '유'는 한자 '흐를 유(流)' 자를 써. 흘러간다는 뜻이지. 흘러다니는 돈, 그러니까 통화는 세상에 돌아다니는 돈을 의미해. 그리고 이렇게 세상에 돌아다니는 돈의 양을 통화량이라고 한단다.

그런데 왜 여기에 '흘러간다', '돌아다닌다'라는 의미가 있는 걸까?

 '경제가 돌아간다'고 이야기했던 게 생각나요. 그리고 아빠가 경제가 잘 돌아가려면 거래가 잘되어야 한다고 했잖아요!

거래가 될 때마다 돈이 필요하니까, 돈도 돌아다녀야 하는 거 아닐까요?

하윤이 설명이 정확하네! 오늘은 통화량에 대해서 좀 더 자세히 설명해 줄게.

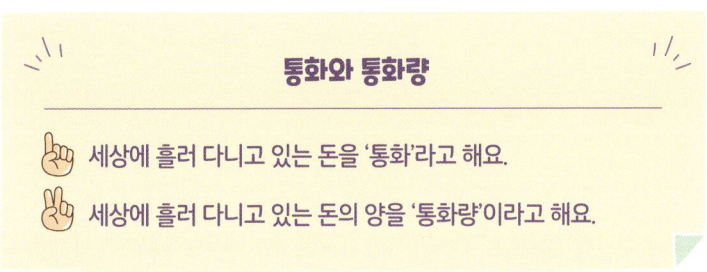

아빠가 앞에서 낸 퀴즈 기억나지? 신기하게 돈의 양이 늘어났잖아. 그 가운데에는 은행이 있었고 말이야. 이렇게 돈의 양은 은행을 거치며 계속 늘어나게 되어 있어.

이런 과정을 경제 용어로는 '신용창조'라고 해. 예금과 대출, 그리고 또 예금과 대출……. 이런 과정이 반복되면서 돈이 부풀어 오르고 늘어나게 되는 현상을 뜻하는 단어지.

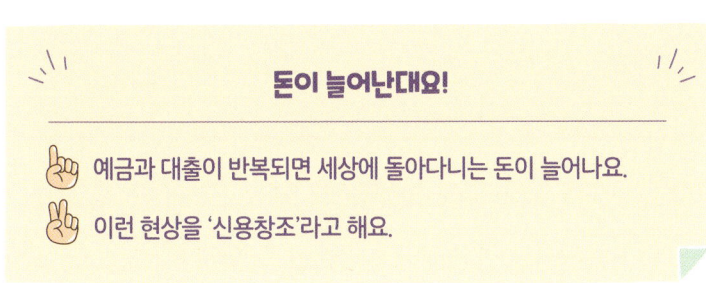

우리가 사용하는 대부분의 돈은 눈에 보이지 않아. 물건을 사고 지폐를 내는 경우보다 카드를 쓰거나 인터넷에서 결제하는 경우가 많지. 그러다 보니 요즘 사람들은 돈을 동전이나 지폐로 가지고 있지 않아. 그래서 이제는 통장에 적혀 있는 숫자가 더 중요해졌단다.

 무슨 뜻인지 알겠어요. 저도 통장에 100만 원 넘게 저금되어 있지만 실제로 100만 원을 본 적은 없거든요.

사람들이 예금을 많이 해서 은행에 맡긴 돈이 많아지면 세상에 돌아다니는 돈의 양이 줄어들 테니 통화량이 줄어든다고 할 수 있어. 반대로 사람들이 예금보다 대출을 많이 하면 통화량이 늘어나겠지?
자, 그럼 처음에 아빠가 낸 퀴즈로 다시 돌아가 보자. 은행에 맡긴 돈이 돌아다니면서 통화량이 늘어난다고 했는데, 좀 이상한 부분 없어?

 맞아요. 아까도 이상하다고 생각했어요. 제가 은행에 예금을 하면 그 돈은 제 돈이잖아요? 그런데 제 허락도 없이 은행이 마음대로 돈을 여기

저기 빌려줘도 되는 건가요?

아, 그럼 옛날 은행 이야기를 해 줘야겠다. 옛날에 지금과 같은 화폐가 없을 때는 금으로 만든 금화가 그 역할을 대신했단다. 그런데 금은 무거워서 가지고 다니기 어렵다는 문제가 있었어. 그래서 사람들은 금을 다듬는 일을 하는 금 세공업자의 금고를 빌려 금화를 보관했단다. 그들은 일반 사람들이 가질 수 없는 아주 튼튼하고 안전한 금고를 가지고 있었거든.

금 세공업자들은 금화를 보관해 주는 대신에 보관료를 받고, 보관증을 써 줬어. 이 보관증이 나중에 지폐 역할을 하게 된단다. 어떤 물건이 필요할 때 금 1킬로그램을 보관하고 받은 보관증을 주면서 이렇게 이야기하는 거지. "제가 무거워서 가져오진 못했는데요. 이 보관증을 가지고 금 세공업자들에게 가시면, 제가 보관한 금을 찾으실 수 있을 거예요."

 무겁게 금을 가지고 다니는 것보다 훨씬 편하고 안전한 방법이네요!

이런 방식의 거래가 늘어나면서 보관증이 점점 화폐의 역할을 하게 된 거야.

그런데 금 세공업자들은 이런 일을 하면서 놀라운 사실을 하나 발견했어. 금화를 맡긴 사람들 중 실제로 금화를 찾으러 오는 사람은 10% 정도라는 거야. 나머지 90%는 보관증만 가지고 거래를 하더라는 말이지. 그래서 금 세공업자들은 '언제든 찾으러 올 수 있는 금화 10%만 남겨 두고, 나머지는 필요한 사람에게 빌려줘서 이자를 받아야겠다'라고 생각했단다.

그러니까 금화를 1킬로그램만 갖고 있으면서 사람들한테는 10킬로그램만큼 보관증을 써 줬다는 말이죠? '사실 금화는 1킬로그램밖에 없어요'라고 말하지 않았으니까 거짓말을 한 거네요?

맞아. 언제든 달라고 하면 다 줄 수 있는 것처럼 말하지만 실제로는 1킬로그램의 금화밖에 없었지. 그런데 꼬리가 길면 잡히는 법이잖아? 어느 날, 금화를 맡겨 두었던 사람들이 한꺼번에 나타나 '내 금화를 내놓으라'고 했고, 결국 금 세공업자들은 난처한 상황에 처했지.

으악, 그럼 어떻게 되는 거예요? 세공업자들에게는 금이 없잖아요!

맞아. 이렇게 어느 날 갑자기 모든 사람들이 금을 찾으러 오면 큰 문제가 생기는 거야. 금 세공업자가 하는 일을 나중에는 은행이 하게 되었는데 이런 문제는 계속 생겨났어. 이렇게 사람들이 '못 믿겠으니 내 돈 돌려주세요'라고 하는 경우를 뱅크런(Bank Run)이라고 해. 은행으로 달려가서 '내 돈 주세요'라고 하는 모습을 생각하면 된단다. 뱅크런은 은행이 망하기도 할 정도로 심각한 문제라고 할 수 있지. 2023년 미국에서도 뱅크런이 잠깐 일어났었어.

 옛날에만 일어난 일이 아니었어요? 요즘에도 그런 일이 일어나다니 신기하네요.

그런데 반대 경우도 한번 생각해 볼까? 하윤이가 은행의 입장이 돼서 다시 생각해 보는 거야. 정말 10%의 사람들만 돈을 찾아가고, 나머지 90%는 돈을 찾으러 오지 않는다면, 찾아가지도 않을 90%의 돈을 은행에 놔두는 게 아깝지 않을까? 돈이 더 많이 돌아다녀서 통화량도 늘어나면, 다 좋은 일일 것 같은데 말이지.

 그 방법을 쓸 수 있으면 좋지만 그럴 수 있을까요? 들키지만 않으면 99%도 제 맘대로 쓸 수도 있을 것 같아요. 물론 그럴 거라는 건 아니지만요.

하윤이가 말한 것처럼 사람들이 맡긴 예금을 다 써버리는 것은 안 되겠지만, 그렇다고 아깝게 쌓아두는 것도 문제가 돼. 그래서 한국은행이라는 곳에서 은행들에게 "혹시 나중에 문제가 생길 수도 있으니, 예금 받은 돈 중에서 10%는 저한테 맡기고, 나머지는 대출하는 데 쓰세요"라고 하는 거지.

 한국은행이 은행들의 돈을 관리하는 관리자 같은 거예요?

맞아. 한국은행은 은행들의 은행이라고 이해하면 돼. 은행들이 한국은행에 맡기는 돈을 '지급준비금'이라고 한단다. 그리고 고객들의 예금 중에서 지급준비금으로 맡겨놔야만 하는 비율을 '지급준비율'이라고 해.

현재 우리나라의 지급준비율은 대략 7% 정도야. '반드시 전체 예금의 7% 이상은 꼭 한국은행에 맡겨야 합니다!'라는 의미야.

 한국은행이 있어서 은행이 금 세공업자처럼 거짓말을 할 수는 없겠네요.

그렇지. 이렇게 지급준비금을 정하면, 혹시 A 은행에서 문제가 생겨서 사람들이 불안해할 때, 한국은행이 나서서 이렇게 말할 거야. "여러분, A 은행은 저에게 맡겨둔 지급준비금이 많이 있으니, 안심하셔도 됩니다!" 그 덕분에 뱅크런 같은 문제가 일어나는 경우가 많이 줄어들게 되었어.

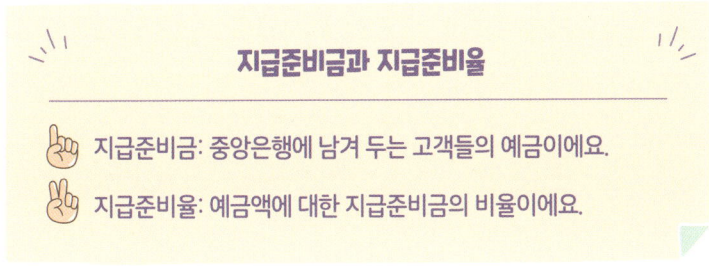

지급준비금과 지급준비율

👉 지급준비금: 중앙은행에 남겨 두는 고객들의 예금이에요.
✌️ 지급준비율: 예금액에 대한 지급준비금의 비율이에요.

'통화량'이라는 개념을 한 번에 이해하기는 어려울 거야. 하지만 아빠가 이렇게 긴 시간을 들여 통화량에 대해 설명한 이유는 '신용창조'라는 과정을 통해 돈의 양이 늘어나기도 하고, 줄어들기도 한다는 것을 알려주기 위해서였어.

어렵긴 하지만 돈의 양이 늘었다, 줄었다 한다는 건 재미있었어요!

그래. 신용, 통화량 같은 어려운 개념들을 이해하느라 고생했어.

이제 마지막으로 꼭 알려 주고 싶은 게 있어. 신용이라는 것은 하윤이랑 아빠랑 약속을 하면 뿅! 하고 생겨난다고 했잖아. 그런데 약속을 지키지 않으면 큰 문제가 생길 수 있어. 그래서 문제가 생기지 않게 서로서로 약속을 해 두는 게 중요하단다.

"아빠, 은행에 맡긴 돈이 2배, 3배로 늘어나는 게 참 신기해요."

"존재하지 않는 돈을 빌려준다는 것도 놀랍지? 하지만 그걸 알면서도 사람들이 은행에 돈을 예금하는 이유는 뭘까?"

"글쎄요. 집에 많은 돈이 쌓여 있으면 불안한데, 은행은 안전하게 보관해 줄 거라는 믿음이 있기 때문 아닐까요?"

"맞아. 은행이 내 돈을 잘 보관하고 있다가 필요할 때 돌려줄 거라는 믿음, 즉 신용이 중심에 있단다. 만약 은행이 지급준비율을 지키지 않아 고객들의 예금을 돌려주지 못한다면 사람들은 아무도 그 은행을 이용하지 않을 테고 결국 망하고 말 거야."

"과제를 할 때 약속을 잘 지키지 않는 친구와는 같은 모둠을 하지 않으려는 것처럼요?"

"하하, 비슷하지. 우리 경제는 '신용'을 중심으로 유지된다는 걸 꼭 기억하렴!"

호황과 불황

경기는 좋았다, 나빴다를 반복해요

💡 어른들이 이야기하는 경제 호황기 1980년대! 그때 무슨 일이 있었던 걸까요?

💡 키워드: 호황, 불황, 경기변동

"

"아빠, 우리나라에서도 올림픽이 열렸어요?"

"그럼. 우리나라는 하계올림픽과 동계올림픽을 모두 개최한 나라지."

"평창에서 열린 동계올림픽은 저도 기억나는데, 하계올림픽은 언제 열린 거예요?"

"1988년에 서울에서 열렸어. 그러고 보니 아빠가 하윤이만 할 때 있었던 일이네?"

"정말요? 신기해요. 오늘은 아빠 어릴 때 얘기 들려주세요!"

하윤이가 좋아하는 바나나 있지? 아빠가 어릴 적에는 바나나가 꽤 귀한 과일이었어. 짜장면도 생일, 졸업식 같은 의미 있는 날에만 먹을 수 있는 특별한 음식이었고.

그래요? 요즘 바나나는 저렴한 과일 중의 하나인데. 짜장면도 언제든지 먹을 수 있고요. 아빠가 어릴 때는 우리나라가 가난했나 봐요?

맞아. 지금은 우리나라도 부자 나라가 되었지. 나라가 부자가 된 만큼 국민들도 1980년대와는 비교하기 어려울 정도로 부자가 되었어. 그런데 신기한 것은 지금 다들 '경제가 어렵다'고 이야기한다는 거야. 반대로 1980년대에는 다들 '경제가 좋다'라고 했는데 말이야.

가난한데도 경제가 좋고, 부자인데도 경제가 어렵다고 말한다고요? 이해가 잘 안 가요.

아빠가 어릴 때는 경제가 정말 빠른 속도로 성장했어. 그러니까 사람들은 올해보다 내년에 더 부자가 될 수 있다는 기대감이 생겼지. 미래에 더 가난해질 수도 있다는 불안감이

전혀 없었어. 불안한 마음이 없으니까 사람들이 돈을 편히 쓰면서 경제는 더 좋아질 수 있게 되었단다.

그런데 지금 우리나라는 세계적인 부자 나라가 되었지만 성장하는 속도가 많이 느려졌지. 아마 국민들에게 내년에 더 부자가 될 것 같냐고 물어보면 대부분 쉽게 대답하지 못할 거야. 이건 마치 하윤이가 지금은 어리기 때문에 빨리빨리 키가 크지만, 아빠처럼 다 크고 나면 성장이 멈추는 것과 같은 이치야. 아주 자연스러운 현상인 거지.

 텔레비전 뉴스에서도 온통 '경제가 어렵다'는 말뿐이잖아요. 문을 닫는 가게도 많다고 들었어요. 저는 지나가다가 손님이 없는 가게를 보면 맘이 아파요.

정리하면, 경제는 상황에 따라서 적당한 성장 속도가 있어. 하윤이처럼 어린아이는 1년에 5센티미터 키가 크고, 중학생은 1년에 1센티미터 크는 것이 적당한 것처럼 말이야. 1980년대에 우리나라는 이제 막 성장하기 시작했지만, 성장할 수 있는 것보다 더 많이 성장해서 '호황'이라고 불렸어. 예를 들어 7% 성장할 수 있는 나라였는데 10% 이상 성장했던 거지. 반대로 7%씩 성장할 수 있는데 5%밖에 성장하지 못한다면 그건 '불황'이라고 해. 여기서 '7%는 성장할 수 있겠다'고 생각하는 것을 '잠재성장률'이라고 하는데 이만큼은 성장할 수 있겠다는 잠재력을 숫자로 나타낸 거야.

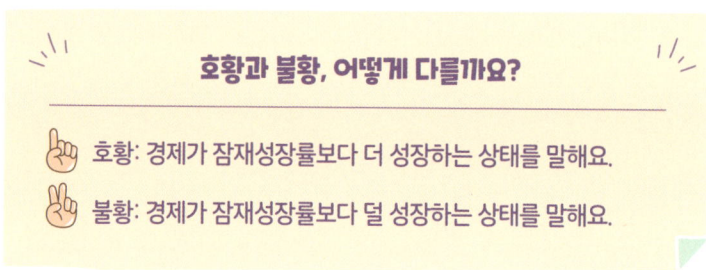

호황과 불황, 어떻게 다를까요?

☝ 호황: 경제가 잠재성장률보다 더 성장하는 상태를 말해요.
✌ 불황: 경제가 잠재성장률보다 덜 성장하는 상태를 말해요.

 그럼 불황보다는 호황이 좋은 거죠? 원래 성장할 수 있는 것보다 더 성장하는 건 기분 좋은 일이잖아요!

과연 그럴까? 이렇게도 생각해 보자. 하윤이가 5센티미터 더 클 수 있는데, 10센티미터나 큰다면 어떻게 될 것 같아? 키가 크는 건 좋은 일이지만 너무 많이 크면 성장통이 생길 수도 있어. 마찬가지로 경제도 너무 많이, 지나치게 성장하는 것은 좋지 않아.

반대로 성장하지 못하는 건 더 안 좋지. 너무 많이 성장하는 것도 안 되고, 성장을 못하는 건 더 안 된다니, 좀 어렵지? 그 이유를 설명해 줄게.

먼저 너무 많이 성장하게 되면 어떤 성장통이 생기는지 이야기해 보자. 나라가 성장을 많이 하면 그만큼 부자가 많아진다는 거니까 사람들이 물건을 많이 사게 된단다. 그럼 가격이 많이 오르게 되는데, 가격이 지나치게 오르면 사람들이 물건을 사질 않아.

그럼 가격이 내려가겠지? 가격이 점점 내려가면 사람들은 '더 싸질 테니 조금 더 기다려야지'라고 생각하면서 물건을 사지 않을 거야. 그럼 기업은 더 힘들어지게 되지. 이렇게 적당한 수준 이상으로 경제가 성장해서 물가가 확 오르면, 반대로 경제가 안 좋아질 때 그 폭도 커질 수밖에 없단다.

반대로 성장을 못하면 어떻게 될까? 가난한 사람이 많아진다는 거고, 그럼 사람들이 물건을 안 사니까 가격이 내려가겠지? 계속 가격이 내려가면 나중에 사야겠다고 생각하는 사람이 많아지고, 또 기업들은 더 힘들어지고. 이렇게 계속 악순환되면 경제는 더 안 좋은 상황에 빠지게 된단다.

그래서 경기는 너무 지나치게 좋지도, 나쁘지도 않게 만드는 것이 중요해.

그러니까 불황도 호황도 아닌 안정된 수준이 좋다는 거죠?

맞아. 그런데 우리나라는 1980년대부터 10년 이상 경제 호황을 누렸단다. 세계 경제 순위 30위권에 있었던 우리나라가 11위까지 도약한 것도 이 시기이지.

그렇게 긴 시간 동안 우리나라가 경제 호황을 누릴 수 있었던 특별한 이유가 있었어. 기름값, 금리, 환율, 이렇게 세 가지가 맞아떨어졌기 때문이야.

 우리나라를 부자로 만들어 준 고마운 삼 형제네요! 기름값, 금리, 그리고 환율! 잘 기억해 두어야겠어요!

기억하기 쉽게 아빠가 한 번 더 자세하게 설명해 줄게. 우선 가장 쉬운 '기름값'부터 정리해 볼까?

우리나라는 기름이 한 방울도 나지 않아. 공장을 돌리고 자동차를 운전하려면 기름이 필요한데 말이야. 그래서 우리나라는 사우디아라비아 같은 중동 국가들로부터 기름을 많이 사 와야 해. 1970년대에는 중동 국가에서 전쟁이 나서 기름값이 엄청 비쌌는데, 1980년대부터는 기름값이 너무 싸진 거야. 이렇게 싼 기름은 우리나라에는 엄청 좋은 기회가 되었지. 기름을 싸게 사 오면 공장은 물건을 싸게 만들 수 있으니까 말이야.

제가 정리해 볼게요. 우리나라가 빠르게 부자가 될 수 있었던 첫 번째 이유는 기름값. 기름값이 싸서 물건을 싸게 만들 수 있었다!

잘했어. 두 번째 성공 요인은 '낮은 금리'야. 금리가 돈의 가격을 의미하고, 돈을 찾는 사람이 많을 때 올라간다고 했지? 1980년대 우리나라의 많은 기업들은 돈이 필요했어. 그런데도 금리가 낮았던 거야. 그러니까 사장님이 이렇게 생각하게 된 거지. '돈을 더 많이 빌려서 공장을 하나 더 짓고, 사람도 많이 뽑아야겠어. 물건을 많이 만들어서 팔면 이익도 많아질 테니까 빚도 금방 갚을 수 있을 거야!'

우리나라가 빠르게 부자가 될 수 있었던 두 번째 이유는 금리다! 기업들은 낮은 금리로 돈을 빌려서 투자를 했다!

마지막 '환율'은 조금 어려운데, 이웃 나라 일본 이야기가 나오니까 재미있게 설명할 수 있을 것 같아. 잘 들어 봐.

1980년대에는 일본에서 만든 펜을 미국 사람들이 1달러를 주고 샀다고 해 보자. 미국 사람들은 일본 펜이 싸다고 다들 좋아했지. 그런데 1985년부터 엔화가 비싸진 거야. 엔화가 비싸졌다는 것은 달러의 가치는 떨어졌다는 것을 의미해. 환율을 설명할 때 한쪽이 비싸지면 다른 쪽은 싸지는 거라는 의미에서 시소에 비유했던 것 기억나지? 똑같은 펜인데 환율이 바뀌었다는 이유만으로 미국 사람들은 1달러가 아니라, 2달러를 줘야 살 수 있게 되어 버렸어.

 아하, 알겠어요. 환율이 바뀌면서 미국 사람들에게는 일본에서 만든 물건이 갑자기 비싸졌다는 거죠? 그래서 우리나라에서 만든 물건이 더 싸고 좋아 보여서 잘 팔리게 되었다는 거잖아요. 환율도 호황을 만드는 데 중요한 역할을 했네요!

사람들 생각도 같았어. 일본보다 싼 가격에 비슷한 품질의 물건을 만들 수 있는 나라를 찾기 시작했지. 사람들은 일본 옆에 있는 한국을 주목했어. 그렇게 '메이드 인 코리아'가 전 세계로 팔려나가기 시작했단다.

아하, 알겠어요. 환율 덕분에 우리나라 물건이 일본보다 싸져서 우리나라가 수출을 많이 하게 되었고, 그렇게 외국에서 돈을 많이 벌어들이니까 경제가 호황이었던 거군요!

아주 제대로 이해했어! 이렇게 3가지 요소가 잘 맞물려서 1980년대에 우리나라가 경제 호황을 누릴 수 있었던 거야. 그런데 이런 일이 계속 일어나기는 어렵단다. 경제는 좋았다가 안 좋았다를 반복하게 되어 있어. 왜냐하면 경제는 계속 좋을 수도 없고, 계속 안 좋기만 하기도 어렵거든.

호황 이후에는 불황이 오고, 불황이 끝나면 호황이 온다는 사실을 기억하고 있는 것은 정말 중요해. 호황이 계속된다고 마냥 신나 하는 것도 안 되고, 불황이 계속될 것 같다고 슬퍼하기만 해도 안 된단다.

경기는 호황과 불황을 오가면서 '순환'하지. 순환이란, 주기적으로 되풀이된다는 뜻이야. 이렇게 경제가 호황과 불황을 순환하는 현상을 조금 어려운 말로 '경기변동'이라고 해.

경기변동이란?

경제는 여러 가지 요인에 의해 호황과 불황을 오가며 순환해요!

혹시 '코로나19 이후 세계 경제가 장기 불황의 터널에 진입했다'는 말을 들어본 적 있니? 생명을 위협하는 전염병 때문에 3년이 넘는 긴 시간 동안 나라 간의 이동이 제한되면서 수출과 수입이 잘 안됐어. 그러면서 세계 경제도 어려움을 겪게 되었지.

호황이 계속되어도 위험하지만, 불황이 오래되면 기업과 개인들이 모두 살기 힘들어진단다. 돈도, 물건도 모두 부족해지니까 말이야. 그래서 경제는 너무 극단으로 치닫지 않도록 균형을 잘 맞추는 것이 중요해.

"아빠. 우리가 살면서 또 경제 호황의 3대 조건이 맞아떨어질 수 있을까요?"

"글쎄? 경제학자들은 이제 다시 그런 기회가 오기는 어렵다고 예측하고 있어. 1980년대의 우리나라가 무척 운이 좋았던 거지."

"에이, 아쉽다. 우리나라 경제가 마구마구 성장하면 나도 부자가 될 기회를 잡을 수 있을 줄 알았는데!"

"꼭 호황에만 큰돈을 벌 수 있는 건 아니야. 불황에도 뜨는 직업이 있고, 돈을 벌 수 있는 기회가 있는걸?"

"정말이에요? 기회는 언제나 있는 거군요!"

"맞아. 대신에 그 기회를 잘 잡기 위해서는 평소에 경제 공부를 열심히 해 두어야겠지?"

"윽, 또 결론이 공부라니. 너무해요, 아빠!"

제4장

돈을 관리하는 중앙은행과 정부

중앙은행

은행도 은행이 필요해요

> 💡 한국은행은 왜 통장을 만들어 주지 않는 거죠?
> 은행의 은행이라 불리는 중앙은행에 대해 알아봐요.
>
> 💡 키워드: 중앙은행, 연방준비제도

"아빠, 저 한국은행에 통장 만들고 싶어요."

"응? 그게 무슨 말이야?"

"아이참. 천 원짜리, 만 원짜리에 적혀 있는 한국은행 말이에요. 인터넷에 검색해 보니 서울 명동에 한국은행이 있다던데. 우리 동네에는 아무리 찾아봐도 없네요?"

"하하, 하윤이가 아직 '중앙은행'에 대해 모르는구나."

"중앙은행이요? 제가 찾는 건 한국은행인데요."

"오늘은 아빠가 은행들의 은행, 중앙은행에 대해 알려줄게."

저는 왜 한국은행 통장을 만들 수 없는 거예요?

우리나라에 한국은행 통장을 가지고 있는 사람은 아무도 없을 거야. 한국은행은 우리나라의 중앙은행이기 때문이지. 은행에는 '중앙은행'과 '시중은행'이 있는데 각각 하는 역할이 달라. 먼저 '시중은행'은 우리가 주변에서 쉽게 볼 수 있는 은행이야. 사람들이 돈을 저축하거나 빌리는 곳이지.

 국민은행, 신한은행, 우리은행, 하나은행 같은 곳이요?

맞아. 중앙은행은 시중은행과 같은 일은 하지 않는단다. 그리고 우리나라에 한국은행이 있는 것처럼 각 나라마다 중앙은행이 있어.
중앙은행은 각 나라의 화폐를 만들고, 돈이 세상에 돌아다닐 수 있도록 해 줘. 화폐가 태어나는 곳이라고 할 수 있겠다. 그리고 중앙은행은 세상에 돌아다니는 돈의 양(통화량)이 너무 많거나 적지 않도록 조절하는 역할도 해. 그런데 그 역할을 제대로 하려면 세상에 어느 정도의 통화량이 필요한지 알아야겠지? 그래서 경제를 제일 잘 아는 박사님들이 중앙은행에서 정말 열심히 연구를 하신단다. '도대체 세상에는 통화량이 얼마나 있는 게 적당할까?'라고 고민하시면서 말이지.

그런데 만약 박사님들이 '지금 통화량이 너무 많아요'라고 했다면, 줄이는 방법이 있어야겠지? 그건 금리를 통해서 한단다. 좀 복잡한 이야기였지만 중앙은행은 화폐가 태어나는 곳이고, 그곳에는 경제가 잘 돌아갈 수 있도록 연구하는 박사님들이 많이 계신다는 것만 기억해 둬. 아빠가 이해할 수 있도록 천천히 설명해 줄게.

정확하게는 모르겠지만, 확실한 건 중앙은행이 우리의 예금 통장을 만들어 주는 것보다 중요한 일을 하고 있다는 거네요.
근데 중앙은행은 언제 처음 생겼어요?

먼저 중앙은행이 생긴 이유를 알려 줄게. 일단 하윤이가 은행이라고 상상해 보자.

하윤은행에 하윤이네 반 친구들이 100만 원이라는 큰돈을 맡겼어. 그럼 지금 하윤은행에는 100만 원이 있는 거야.

그런데 옆 반에 있는 친구들이 다 같이 하윤은행에 와서

"50만 원만 빌려주세요. 1년 후에 갚을게요"라고 하는 거야. 하윤이는 50만 원을 빌려주더라도 아직 50만 원이 남아있으니 크게 문제없을 거라고 생각했지.

그런데 이번에는 또 다른 반 친구들이 40만 원을 빌려달라고 하는 거야. 하윤이는 고민이 되기 시작했어. '이걸 빌려주면 돈이 10만 원밖에 남아 있지 않을 텐데……. 혹시 우리 반 친구들이 갑자기 돈을 돌려달라고 하면 어쩌지?' 하는 생각이 든 거지.

 어휴. 저는 생각만 해도 가슴이 떨려요. 마치 학교에서 잘못을 하고 선생님에게 걸리지 않으려고 조마조마하는 상황을 보는 것 같아요.

그런데 놀랍게도 옛날에 비슷한 일들이 은행들 사이에서 일어났어. 가장 대표적인 사건은 1907년에 일어났는데, 당시에 미국 뉴욕에 있는 은행 중 하나가 하윤은행처럼 돈을 너무 많이 빌려주고 긴장하고 있었어. 그러던 중에 사람들이 그 은행을 의심하게 되었고 돈을 돌려달라고 요청하기 시작했지.

하윤은행의 경우를 생각해 볼까? 하윤이네 반 친구들이 10

만 원을 돌려달라고 하면 아무 문제가 없지만, 10만 원 이상을 돌려달라는 요청을 받으면 정말 곤란해져. 하윤이라면 어떻게 할 거야?

 얘들아 미안해. 내가 돈을 다른 반 친구들한테 빌려줘서 지금 돈이 없어. 이렇게 이야기해야겠죠?

그럼 먼저 돈을 맡겼던 친구들도 화가 나서 하윤은행으로 오겠지? "내 돈 내놔!" 하면서 말이야. 1907년 뉴욕에서는 걱정했던 이런 상황이 발생했고, 결국 그 은행은 망하게 되었어.

 으악, 은행이 망해요? 그럼 은행에 돈을 맡긴 사람들은 돈을 못 받아요?

이런 경우를 '뱅크런'이라고 한단다. 앞에서도 한 번 배웠었지? 은행에 돈이 없는 것처럼 보여서 사람들이 한꺼번에 예금했던 돈을 찾으러 가는 사태를 뜻하는 경제 용어야.

> ### 은행에 돈이 없다고요?
>
> 은행이 예금을 돌려줄 수 없는 상태가 될 것으로 의심되면 고객들은 저금했던 돈을 꺼내오려고 할 거예요.
>
> 이런 일이 대규모로 벌어지는 것을 '뱅크런'이라고 해요.

 아, 결국 선생님한테 걸린 꼴이네요.

문제는 그 은행에서 그치지 않았어. 사람들은 그 은행뿐만 아니라 다른 모든 은행도 의심하게 되었어. "내 돈 돌려줘요"라는 사람이 늘어났고, 은행들은 하나둘씩 망해가기 시작했지. 이대로 사람들이 더 의심하게 되면 모든 은행이 위험해질 수도 있는 상황이 되었어. 그때 "내가 책임질게"라고 하며 나타난 것이 '연방준비제도'라는 이름의 미국 중앙은행이야. 줄여서 '연준'이라고도 부르지.

 아빠가 맨날 얘기하는 연준이요? 사람 이름이 아니었네요!

하윤이 말대로 친구처럼 '연준이'라고 부르면 더 잘 기억할 수 있겠다. 미국의 중앙은행 연준이는 "내 돈 돌려내!" 하고 불안해하는 사람들을 안심시키기 위해서 "걱정하지 마세요. 혹시 하윤은행에 문제가 생기면 제가 책임지겠습니다"라고 이야기했대.

 우리가 잘못하면 부모님이 오시는 것과 비슷하네요.

학교에서 잘못을 해서 부모님이 오시게 되면 집으로 돌아가서 다시는 잘못하지 않겠다고 한 번 더 혼나기도 하고 다짐도 받지? 중앙은행도 마찬가지였어. 앞으로 또다시 뱅크런이 발생하지 않도록 하기 위해서 시중은행이 예금을 받은 것 중에 일정 부분은 중앙은행에 맡기도록 한 거야.

 아! 이건 전에 배웠잖아요. 근데 이름이 어려워서 기억이 안 나요.

배웠다는 것만 기억해도 좋아. '은행들아, 아무 생각 없이 막 빌려주고 그러지 마. 사람들이 예금을 찾으러 오면 돌려줄 수 있도록 돈을 나한테 맡겨!'라는 의미에서 '지급준비금'이라고 했었지.

이렇게 규칙을 정하지 않으면 끝도 없이 계속 대출을 해 줘서 또 뱅크런이 일어날 수도 있잖아.

 아빠, 중앙은행은 교실에서 말썽부리는 학생들을 잘 다독이고 가르치는 선생님 같아요.

좋은 비유인데? 그래서 중앙은행을 '은행의 은행'이라고 부르는 거란다.

중앙은행은 나라마다 있다고 했지? 우리나라에는 한국은행, 영국에는 영란은행, 미국에는 연방준비위원회가 중앙은행 역할을 하지. 이 중에서 특히 영국의 영란은행은 최초의 중앙은행이라고 여겨지고 있어. 설립된 지 무려 328년이나 되었단다.

오늘 중앙은행에 대해 알아봤는데 어때? 은행의 돈을 관리하는 은행이 또 있다는 게 재미있지 않니? 이제부터 경제 뉴스에서 한국은행이나 연방준비제도 같은 이야기가 나오면 새롭게 들릴 거야!

"아빠, 한국은행 통장은 만들 수 없지만 한국은행에 가 볼 수는 있죠?"

"그럼, 서울 명동에 있는 한국은행에는 화폐 박물관도 있단다."

"와, 그러면 우리 이번 주말에는 거기 가 봐요!"

"옛날 돈도 볼 수 있고 경제 수업도 열리니까 아빠랑 꼭 함께 가보자꾸나."

"신난다. 박물관 갔다가 맛있는 것도 먹어요!"

한국은행

목표는 물가의 안정

> 💡 물가는 너무 올라도, 또 너무 내려가도 좋지 않아요.
> 적당한 선을 지키기 위한 한국은행의 노력을 알아보아요.
>
> 💡 키워드: 골디락스, 주조, 발행, 기준금리, 물가 안정

"

"골디락스라는 동화 들어봤니 하윤아?"

"아뇨, 재미있는 건가요?"

"옛날에 골디락스라는 소녀가 숲속 오두막에 들어갔어. 거기에는 엄마 곰, 아빠 곰, 아기 곰이 살고 있었는데 다들 외출하고 없었지. 빈집의 식탁에는 수프 세 그릇이 있었대. 그런데 하나는 너무 뜨겁고, 하나는 너무 차가웠어. 골디락스는 그중에 뜨겁지도, 차갑지도

않은 미지근한 수프를 골라 먹었지. 그때 곰 가족이 돌아왔어!"

"아이참, 남의 집에 있는 음식을 막 먹으면 어떻게 해요!"

"아빠 곰은 골디락스가 가장 맛있는 수프를 먹었다며 화를 냈지. 하윤이가 골디락스였다면 어떤 수프를 골랐을까?"

"음. 저도 뜨겁지도, 차갑지도 않은 수프를 먹었을 것 같아요!"

"하윤이나 골디락스처럼, 다른 사람들도 적당한 온도를 가진 미지근한 수프를 선택할 거야. 경제도 마찬가지란다. 너무 좋아도, 너무 나빠도 안 돼. 그래서 이 온도를 적절히 맞춰주는 요리사가 필요하지! 그 요리사는 과연 누굴까?"

제4장. 돈을 관리하는 중앙은행과 정부

아빠, 다른 나라 이야기도 좋은데, 한국은행 이야기 좀 더 해 주세요.

한국은행은 우리나라의 원화 화폐를 발행하는 일을 하지. '발행'이라는 말을 알기 위해서는 먼저 '주조'의 뜻을 알아야 해. 주조란 동전을 만들 때 금속을 녹여서 틀에 붓고 찍어 내는 과정을 말하는데, 지금은 동전뿐 아니라 지폐를 만드는 과정까지 모두 '주조'라고 한단다.

한국은행은 주조한 돈을 가지고 있다가 사람들이 필요한 때에 쓸 수 있도록 돈을 내보내. 이게 '발행'이야. 어린아이가 엄마 배 속에서 태어나는 것처럼 한국은행 안에 '주조'되어 있던 화폐가 세상에 나오는 것을 '발행'이라고 해.

 한국은행 창고에는 새로 만든 돈이 가득 있겠네요? 꼭 가 보고 싶어요!

한국은행이 하는 일, 주조와 발행!

 주조: 화폐를 만드는 과정이에요.

 발행: 주조한 돈을 가지고 있다가 사람들이 필요한 때에 쓸 수 있도록 돈을 내보내는 일이에요.

한국은행은 시중은행도 관리하고, 돈도 직접 만들고, 하는 일이 엄청 많네요? 혹시 한국은행이 하는 일이 또 있어요?

한국은행이 하는 일 중에 가장 중요한 일은 골디락스 이야기에 나오는 수프처럼 뜨겁지도 차갑지도 않은 경제를 만드는 거란다. 데이비드 슈먼이라는 경제학자는 '물가가 지나치게 오르지도, 내리지도 않는 상황'을 골디락스라고 이야기했지. 너무 적절한 비유여서 그 뒤로 많은 사람들이 '골디락스'라는 표현을 사용하기 시작했어.

잠깐 지난 시간에 배웠던 내용을 잠깐 복습해 볼까? 아빠가 그려온 그림을 봐. 검은색, 파란색, 빨간색 선은 경제 상황을 나타낸 거야.

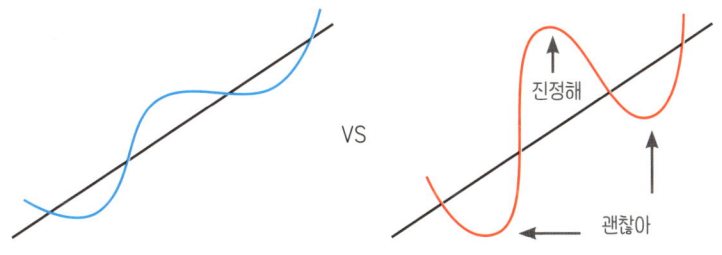

파란색은 얌전해 보이고, 빨간색은 변덕스러워 보여요.

오호, 하윤이가 아주 날카로운데? 경제는 길게 보면 검은색 선처럼 쭉 성장하는 것처럼 보여. 하지만 실제로는 파란색 선이나 빨간색 선처럼 성장했다가 퇴보했다가를 반복하지. 그런데 하윤아, 왼쪽의 파란색 선처럼 적당하게 성장했다가, 퇴보했다가를 반복하는 게 좋을까? 아니면 오른쪽의 빨간색 선처럼 많이 성장했다가 많이 퇴보했다가를 반복하는 것이 좋을까?

 당연히 적당한 것이 좋겠죠! 골디락스가 먹은 수프처럼 말이에요.

그래. 왼쪽의 파란색 선처럼 적당하게 더 좋았다가 덜 좋았다가 하는 정도로 성장을 하는 것이 가장 좋아. 왜냐하면 오른쪽 빨간색 선처럼 경제가 움직이면 물가가 너무 올라서(너무 뜨거워서), 아니면 경제가 너무 안 좋아서(너무 차가워서) 사람들이 고통받는 상황이 올 수도 있거든.

그럼 빨간색을 파란색처럼 바꾸려면 어떻게 해야 할까? 경제가 너무 좋을 때는 "진정해"라고 이야기하고, 너무 안 좋을 때는 "괜찮아"라고 이야기해 주는 누군가가 필요할 거야.

 경제에게 누가 그런 이야기를 해 줘요?

한국은행과 같은 중앙은행이 하는 가장 중요한 역할이 그런 거야. 전문용어로는 '물가 안정'이라고 하지. 얼마나 중요하냐면, 한국은행 로비에는 '물가 안정' 네 글자가 쓰여 있다고 하더라고.

 그럼 한국은행의 좌우명은 '물가 안정'인 거네요.

하하, 그렇네! 그런데 한국은행이 물가를 안정시키려면 어떻게 해야 할까? 제일 좋은 수단은 바로 '금리'야.

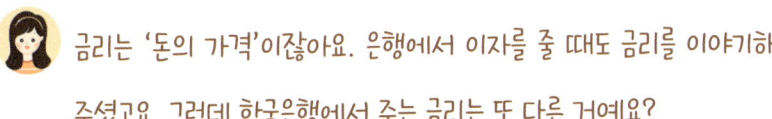 금리는 '돈의 가격'이잖아요. 은행에서 이자를 줄 때도 금리를 이야기해 주셨고요. 그런데 한국은행에서 주는 금리는 또 다른 거예요?

맞아. 앞에서 설명했던 금리랑은 다르니까 잘 들어 봐. 한국은행은 '기준금리'라는 것을 정해. 우리나라에서 경제를 제

일 잘 아는 박사님들이 한국은행에 모여서 기준금리를 결정하는 회의를 열지. 회의에서는 이런 말들이 나올 거야. "지금은 물가가 너무 많이 올라 경제가 너무 뜨거우니 금리를 올려 사람들이 돈을 많이 빌려 가지 못하게 합시다" 혹은 "지금은 경제 상황이 나빠 곧 불황이 시작될 것 같으니 금리를 내려 사람들에게 돈을 많이 빌려줍시다"라고 말하면서 기준금리를 정하는 거야.

 기준금리를 정한다고요? 조금 어려워요.

우리나라 금리의 기준이 되는 숫자를 정한다는 뜻이야. 체육 수업에서 줄을 설 때 선생님께서 친구 한 명에게 '기준!'이라고 외치라고 시키시지? 그럼 그 친구가 기준이 되어서 다른 친구들이 양팔 간격으로 서기도 하고, 좁은 간격으로 서기도 하잖아.

그런 것처럼 한국은행에서는 '기준금리'라는 것을 발표해서 '금리의 기준'을 잡아줘. 그럼 다른 은행들은 '한국은행에서 기준금리를 올렸으니, 나도 예금 금리랑 대출 금리를 비슷하게 올려야겠다'라고 생각하게 되는 거지.

우리나라의 기준금리는 한국은행이 정해요

 한국은행은 물가 안정을 위해 기준금리를 정해요.

 한국은행이 '기준금리'를 정하면 시중은행이 따라 움직여요.

 금리는 돈의 가격이기도 하고, 인기로 결정된다고 설명하시지 않았어요? 그런데 한국은행이 마음대로 바꿔버리면 어떡해요?

좋은 질문이야! 우선 '금리가 높으면 돈이 무거워진다'는 것을 설명해 줄게. 하윤이가 만약에 은행에서 돈을 빌리려고 하면, 금리가 낮으면 좋겠어? 높으면 좋겠어?

 이자를 조금만 내는 게 좋으니까 금리가 낮으면 좋겠어요.

그래서 금리가 낮을 때는 돈이 더 쉽게 돌아다녀. 경제가 좋아지면 돈의 인기가 높아지니까 돈의 가격인 금리는 올라가겠지? 그러다 한국은행이 경제가 너무 뜨거워졌다고 판단하면 '억지로' 기준을 더 높이는 거야. 기준이 올라가면 금리도 어쩔 수 없이 따라 올라가. 금리가 높아지면 돈이 어떻게 된다고?

 무거워져요.

돈이 무거워지면 잘 돌아다니지 못하니까 경제는 진정되겠지? "여러분, 진정하세요! 경제가 너무 뜨겁습니다. 이대로 가면 물가가 너무 올라서 안 돼요"라고 이야기하는 셈이지. 반대로 경제가 차갑게 가라앉으면 어떻게 될까? 경제가 너무 안 좋아지면 한국은행은 다른 행동을 하겠지? 사람들이 아무도 물건을 안 사고, 은행에서 돈을 빌리려고 하지도 않으니까 한국은행이 기준금리를 더 낮추는 거야. "너무 걱정하지 마세요. 경제는 곧 좋아질 겁니다. 금리를 낮춰줄 테니 대출도 받고 물건도 사세요"라고 이야기하는 셈이지.

 정말 경제에게 "진정해", "힘을 내"라고 이야기해 주는 것 같아요.

그런데 한국은행에 있는 박사님들이 진짜로 "진정하세요", "힘을 내세요"라고 이야기하시진 않아. 아빠가 들어도 잘 이해가 안 되는 어려운 말들을 많이 사용하시지. 그래서 아빠 같은 사람들이 한국은행 박사님들이 이야기하시는 걸 쉽게 해설해서 "여러분, 이건 힘을 내라고 얘기하는 거예요" 또는

"너무 흥분하지 말라는 의미 같은데요?"라고 하면서 해설을 해주곤 한단다.

중앙은행의 가장 큰 역할은 돈의 양과 흐름을 조절하는 거야. 우리 몸이 건강하기 위해서는 심장에서 적당한 양의 피를 계속 공급해 줘야 하지? 그래서 중앙은행은 우리 경제의 심장이라고 할 수 있어. 경제가 힘을 얻어서 활동하기 위해서는 적당한 양의 돈이 풀려 있고 잘 돌 수 있도록 해 줘야 하는데, 중앙은행이 바로 그 역할을 하는 거지.

"아빠, 저한테 중앙은행을 알려주셨잖아요. 제가 감사한 마음을 담아 수프를 만들어 봤어요. 짜잔! 너무 뜨겁지도, 너무 차갑지도 않은 수프예요."

"우와. 아빠 너무 감동 받았어. 하윤이한테 경제를 알려 준 보람이 있네!"

"수프 이름도 지었다고요. 맞춰 보세요!"

"설마, 골디락스 수프?"

"딩동댕! 하하. 맛있게 드세요, 아빠!"

양적완화

금리를 더 이상 내릴 수 없다고요?

> 오랫동안 비가 내리지 않아 식물이 바싹 마르면 시원하게 물을 뿌려 주는 급수차가 출동해요. 경제에도 위기를 극복할 수 있게 도와주는 급수차가 있어요.
>
> 키워드: 양적완화, 서브프라임 모기지 위기, 리먼 사태

"하윤아, 오늘은 아빠랑 부루마블 게임 할까?"

"좋아요! 일단 은행에서 500만 원씩 받고 시작하는 거죠?"

"그래! 하윤이가 먼저 주사위를 던져 봐."

─30분 뒤─

"아빠! 저 돈이 다 떨어졌어요. 아직 살 수 있는 땅이 많은데 아쉬워요."

"흠, 게임을 계속할 수 있는 방법이 두 가지 있긴 한데……."

"그게 뭔데요?"

"하나는 아빠가 하윤이에게 돈을 빌려주는 거고, 하나는 우리 둘이 합의하고 은행에서 200만 원씩 가져오는 거야. 아빠가 하윤이에게 돈을 빌려주면 나중에 하윤이가 그 돈을 갚아야 하지만, 우리 둘이 은행에서 200만 원씩 가져오면 안 갚아도 돼. 어떻게 할래?"

"고민할 것도 없네요. 우리 은행에서 200만 원씩 가져와요!"

제4장. 돈을 관리하는 중앙은행과 정부

하윤아. 중앙은행이 뜨겁지도 차갑지도 않은 경제를 만들기 위해서 기준금리를 올렸다가 내렸다가를 반복한다고 했잖아. 그런데 만약 금리가 0%여서 더 이상 내릴 수가 없으면 어떻게 해야 할까?

 0보다 작은 숫자는 아직 안 배웠어요. 그런데 진짜 그런 일이 있으면 어떻게 해야 해요?

2008년 미국에서는 역사적으로 한 번도 없었던 엄청난 위기가 있었는데 이때 이야기를 해 줘야겠다. 이때 위기를 '서브프라임 모기지 위기'라고도 하고, 위기 때문에 문을 닫아야 했던 리먼 브라더스라는 은행의 이름을 따서 '리먼 사태'라고도 해. 그런데 이렇게 위기가 발생하면 중앙은행이 금리를 낮춰서라도 사람들에게 "괜찮아"라고 해 줘야 된다고 했잖아? 기억나니?

 중앙은행이 금리를 낮추면 사람들이 좀 더 편하게 돈을 빌려서 물건도 살 수 있게 된다고 했죠? 금리가 낮아지면, 돈이 가벼워져서 잘 돌아다닌다고도 했고요. 그럼 경제가 더 안 좋아지는 걸 막을 수 있다고 했어요.

맞아! 그런데 만약 이미 금리가 0%까지 낮아졌다면? 금리가 0%라는 것은 하윤이가 은행에 가서 "돈 좀 빌려주세요"라고 하면 은행에서 "네, 어서 빌려 가세요. 이자는 안 주셔도 됩니다"라고 얘기하는 거잖아.

저라면 당장 가서 돈을 빌릴래요.

그런데 2008년에 위기가 발생했을 때는 아무도 돈을 빌리려고 하지 않았어. 세상이 망할 것 같다고 생각한 거지. 돈을 빌려서 무언가를 하는 것보다 차라리 아무것도 안 하는 게 좋을 것 같다고 생각한 사람이 많았어. 그래서 미국의 중앙은행인 연준에서는 사람들에게 돈을 뿌려주기로 결정했어. 이것을 '양적완화'라고 한단다.

와, 그러면 하늘에서 돈이 막 떨어지는 거예요?

하늘에서 돈을 뿌리는 것과 같다고 해서 그때 신문에는 헬리콥터에서 돈이 뿌려지는 그림이 실리기도 했어. 그림 속 헬리콥터 안에는 당시 미국 연방준비위원회 총재였던 벤 버

냉키라는 사람이 타고 있었지.

정말로 헬리콥터를 타고 돈을 뿌렸다고요? 그것도 미국 중앙은행에서요?

하하. 실제로 돈을 그렇게 뿌린 것은 아니야. 정부가 "돈 좀 빌려주세요"라고 할 때 연준이 나서서 "네, 제가 돈을 찍어서 빌려줄게요"라고 했던 거지.
쉽게 말하면 양적완화는 부루마블 게임을 하면서 하윤이와 아빠가 은행에서 200만 원씩 나눠 가졌던 것이랑 비슷한 개념이야.

사실 그때 저는 도둑질한 기분이 들었어요. 아빠랑 같이 200만 원씩 받으니까 괜찮을 것 같았는데, 처음에 시작할 때는 없었던 돈을 받은 거라 찝찝하더라고요.
그래서 돈을 뿌리니까 위기가 끝났나요?

우선 중앙은행에서 돈을 뿌리니까 돈이 많아졌겠지? 수박이 풍년이면 가격이 떨어지는 것처럼 돈이 너무 많아지니까 돈의 가치가 떨어졌어. 돈의 가치가 떨어지니까 반대로 물건의 가격은 올라가겠지? 경제가 안 좋아서 무섭게 하락하던 물건의 가격도 차차 진정되기 시작했지. 그러니까 0% 금리로 돈을 빌려주겠다고 해도 "싫어요"라고 이야기했던 사람들의 마음이 진정되기 시작했어. 금리가 이미 0%까지 낮아졌기 때문에 금리를 내리면서 "진정하세요"라고 말할 수 없었는데, 돈을 뿌리는 양적완화라는 것을 통해서 비슷한 효과를 낸 거야.

그리고 우리가 부루마블 게임을 했을 때랑 비슷한 일도 일어났어. 200만 원씩 나눠 갖고 나서 하윤이랑 아빠가 호텔도 더 짓고, 땅도 더 샀잖아. 실제로도 돈이 늘어나니까 그 돈으로 사람들은 건물이나 주식을 사기 시작했어. 사겠다는 사람이 많아지니까 집값도 엄청나게 오르고 주식의 가격도 많이 올랐지.

집값이 오르는 것은 좋은 일이지만, 모든 사람에게 좋은 일은 아니야. 왜냐면 집이나 주식이 없는 사람에게는 아무 도움이 안 되거든. 그래서 집이나 주식을 많이 가지고 있었던 부자는 더 큰 부자가 되고, 가난한 사람은 더 가난해졌단다.

 경제가 다시 돌아가기 시작했다고 하니 다행인 것 같은데, 가난한 사람은 더 가난해졌다니 슬퍼요……. 아까 게임을 할 때도 결국 건물이 있던 아빠가 이기고 저는 파산하고 말았죠.

맞아. 게임을 할 수 있는 돈이 더 늘어나면서 원래 건물이 있었던 아빠만 더 좋았던 거야.
이런 부작용이 있었던 것은 사실이지만 어쨌든 경제를 돌아가게 하려는 목표는 이뤘다고 볼 수 있어. 양적완화는 경제가 어려워져서 사람들이 돈을 쓰지 않으려고 할 때, 금리를 더 이상 내릴 수 없는 상황일 때 중앙은행이 나서서 돈을 뿌려 주는 거야. 마치 오랫동안 비가 내리지 않아 바짝 마른 논에 급수차가 출동해 시원하게 물을 뿌리듯이 말이야.
이렇게 경제가 위기에 빠지면 중앙은행과 정부가 적극적으로 나선단다.

"아빠, 부루마블 한 번 더 해요. 이번에는 중앙은행이 양적완화를 하지 않도록 돈을 계획적으로 쓰겠어요!"

"이야, 하윤이가 경제 공부를 열심히 하더니 말투가 달라졌네?"

"두 번이나 망할 수는 없잖아요. 어서 시작해요, 아빠."

"그럼 아빠도 전략을 세워야겠다! 이번 판에서 지는 사람이 방 청소 하는 거다?"

"좋아요!"

시장 실패

시장이 멈추면 정부가 도와줘요

💡 정부는 국민만 지키는 것이 아니라 경제도 지켜요.
경제를 구하기 위해 정부가 나서야 할 때는 언제일까요?

💡 키워드: 독점, 정보의 비대칭, 공공재, 존 메이너드 케인스

"하윤아, 아빠가 힌트를 줄 테니까 뭘 말하는 건지 맞혀봐."

"좋아요!"

"이것은 입법, 사법, 행정 삼권을 포함한 통치 기구를 말해."

"아, 사회 시간에 배운 것 같은데……!"

"경제 주체 중 하나로, 경제 정책을 만들고 시행하기도 하지."

"알겠다. 답은 두 글자죠? 정답은 정부!"

"딩동댕! 오늘은 정부가 경제에서 어떤 역할을 하는지 알아보자."

하윤아, 우리 '가격과 가치'에 대한 이야기를 했던 거 기억나니? 누가 시키지도 않았는데 각자의 이익을 위해서 움직이다 보면 가격이 움직여서 경제가 잘 돌아가게 된다! 이런 이야기였는데?

 정답! 보이지 않는 손!

맞아. 애덤 스미스가 이야기했던 '보이지 않는 손'은 누가 시키지 않아도 가격이 알아서 경제를 돌아가게 만든다는 이야기였어. 누구도 수박 농부에게 수박을 공급하지 말라고 하지 않았지만, 가격이 너무 낮아지니까 농부는 스스로 수박을 공급하지 않았지. 그래서 가격이 더 하락하는 것을 막을 수 있었어.

물건을 싸게 사고 싶어 하는 하윤이 같은 소비자와 물건을 비싸게 팔고 싶어 하는 공급자가 각자의 이익을 추구하도록 내버려 두는 것이 좋다는 거지. 너무 단순하게 설명한 것 같지만, 이런 것을 '시장경제'라고 한단다. 그런데 하윤아, 정말 그냥 내버려 둬도 경제에 아무런 문제가 생기지 않을 수 있을까?

그러니까 말이에요. 학교에서도 선생님이 없으면 다들 공부 안 하고 놀기만 하거든요. 친구들끼리 싸우기도 하고요. 정말 아무 문제도 없을 수 있을까요?

맞아. 보이지 않는 손에 시장을 맡기고 아무것도 하지 않아야 한다는 것이 애덤 스미스의 주장이었어. 그런데 시간이 지나면서 보이지 않는 손이 작동하지 않는 경우가 생겨났단다. 이것을 '시장 실패'라고 해.

 실패했다고요? 역시 그냥 내버려두면 안 되는군요!

지금부터 어떤 상황에서 시장이 실패하는지, 그럴 땐 누가, 어떻게 문제를 해결하는지 알려 줄게.

시장 실패란?

보이지 않는 손이 제대로 작동하지 않아서 생기는 여러 가지 문제를 말해요.

시장 실패가 일어나는 첫 번째 이유는 '독점'이야.

예를 들어 펜을 만들 수 있는 회사가 다 망하고 전 세계에서 딱 한 곳만 남았다고 해 보자. 그럼 이 회사가 마음대로 펜 가격을 정할 거야. 펜은 꼭 필요한 물건인데 어느 날은 한 개에 500원이었다가 어느 날은 한 개에 5만 원이 되었다가 하면 사람들은 혼란스럽겠지?

 펜이 갑자기 5만 원이 된다고요? 한 달 용돈을 한 푼도 안 쓰고 모아도 펜 한 자루를 살 수 없겠어요.

맞아. 수요와 공급의 원리가 망가지는 것도 문제지만 돈의 균형이 깨지는 것도 큰 문제란다. 펜이 500원일 때는 5만 원으로 펜도 사고, 공책도 사고, 밥도 사 먹을 수 있지만, 펜이 5만 원이면 다른 물건은 하나도 살 수 없어. 그렇게 돈이 한 회사에 몰리게 되면 경제가 제대로 돌아가지 않는 거지.

 어휴, 그 회사 정말 나빠요.

그래서 문제를 해결하기 위해 정부가 나선단다. 정부는 국민을 지키고 나라의 법과 정치를 맡아 보는 기관이잖아. 국민이 경제적인 위기에 처했으니 정부가 끼어드는 거야. 이것을 어려운 말로 '정부 개입'이라고 해.

정부는 어느 한 기업이 시장을 독점하지 못하도록 법을 만들어 두었어. 우리나라에는 '공정거래법'이라는 것이 있고, 미국에는 '독점금지법'이라는 것이 있지. 우리나라와 미국 외에도 각 나라는 독점을 금지하는 법이 있어.

> **정부의 역할 ① 독점 금지**
> ✌ 한 회사가 상품이나 시장을 독점하면 소비자들이 힘들어져요.
> ✌ 우리나라 정부는 '공정거래법'으로 시장 독점을 막고 있어요.

다음으로 '정보의 비대칭성' 때문에 시장 실패가 일어나기도 해. 비대칭은 양쪽이 균형 잡힌 상태가 아니라 한쪽으로 기울어 있는 상태라는 뜻이야. 시장에서 물건을 사고파는데 정보가 어느 한쪽에만 있다면 어떤 문제가 생길까?

중고차 거래를 예로 들어 보자. 아빠가 중고차를 사러 갔어. 깨끗하고 멋진 차를 발견해서 2,000만 원을 주고 구입한 거야. 여기까지는 아무 문제가 없었어. 그런데 다음 날 운전을 하려는데 차가 움직이지 않는 거야.

 으악, 설마 사기당한 거예요?

알고 보니 중고차 가게에서 고물차를 대충 수리하고 깨끗이 닦아서 아빠한테 판 거였어. 차에 대한 나쁜 정보는 싹 지우고 좋은 정보만 제공하면서 아빠를 속인 거지.

 아빠는 차에 대한 정보가 하나도 없으니까 속을 수밖에 없잖아요. 너무 속상한 일인데요?

맞아. 아무리 똑똑한 사람이라도 상품에 대한 정보가 없다면 손해를 볼 수밖에 없단다. 이런 상황에서는 보이지 않는 손도 아무런 역할을 할 수 없지.
이런 일을 막기 위해 정부는 상품에 대한 정보를 투명하게 공개하도록 하고, 정부의 지침에 따르지 않는 기업이나 사람에게는 더 이상 물건을 팔 수 없도록 하고 있어.

> ### 정부의 역할 ② 정보 비대칭 방지
>
> 상품 정보가 없다면 시장을 제대로 파악할 수 없어요.
>
> 정부는 상품 정보를 투명하게 공개하지 않는 기업이나 사람은 경제활동을 할 수 없도록 제재하고 있어요.

마지막으로, 보이지 않는 손이 작동할 수 없어서 꼭 정부가 끼어들어야만 진행되는 일이 있어. 바로 '공공재'를 다루는 일이야.

공공재는 도로, 소방 시설, 군대, 공원 등 국민이 공동으로 이용하는 물건이나 서비스를 말해. 대부분 국민들이 별도의 돈을 내지 않고 이용하는 시설들이지. 만약 가만히 놔두면 어떤 회사도 스스로 이런 시설들을 만들려고 하지 않을 거야. 공공재는 만들려면 굉장히 큰돈이 필요한 반면, 팔아서 이익을 내기는 어려워서 기업들이 먼저 하겠다고 나서지 않아. 그래서 정부가 직접 투자해서 만들지.

 꼭 필요하지만 돈을 벌긴 어려운 일을 정부가 하는 거네요.

정부의 역할 ③ 공공재 투자

 공공재: 도로, 소방 시설, 군대, 공원 등 국민이 공동으로 이용하는 물건이나 서비스예요.

 돈을 벌기 어려운 공공재는 정부가 직접 만들어요.

 아빠, 그런데요. 옛날에는 보이지 않는 손에 시장을 맡겨야 한다고 했잖아요? 그게 가장 자연스러운 상태라고 하면서요. 그런데 언제부터 정부가 시장에 개입하기 시작한 거예요? 특별한 계기가 있을 것 같은데요. 예를 들면, 선생님이 우리에게 "너희들이 알아서 공부하고 있어"라고 했는데 우리가 놀고 있으면 선생님이 "안 되겠다. 내가 감독할게"라고 하는 것처럼 말이죠.

아주 좋은 질문이야. 정부가 시장에 개입해야 한다고 생각하게 만들어 준 경제학자가 있어. 바로 '존 메이너드 케인스'라는 20세기를 대표하는 경제학자야. 케인스는 시장이 잘 돌아가지 않을 때, 소비가 급격하게 줄어들 때, 일하고 싶은데 일이 없는 사람이 늘어날 때 정부가 문제를 해결해야 한다고 말했어.

케인스가 했던 말들은 1929년 미국에 경제 대공황이 발생하면서 더욱 주목받게 되었어. 1929년 10월에 주식시장이 어마어마하게 폭락하면서 미국 경제는 불황의 늪으로 빠져들게 돼. 얼마나 심각했냐면 3년 만에 미국 노동자의 4분의 1이 직장을 잃을 정도였지. 미국에서 시작된 불황은 유럽으로 넘어가 독일과 영국까지 나쁜 영향을 줬어. 수백만 명의 노동자들이 일자리를 잃고 기업들이 문을 닫는 상황까지 벌어졌지.

국민들이 너무나 살기 어려워지자 1933년에 미국의 대통령이었던 프랭클린 루스벨트는 '뉴딜 정책'이라는 것을 발표해. 뉴딜 정책은 정부가 적극적으로 개입해서 국민들에게 일자리를 주는 것이었단다.

 일자리는 회사가 만드는 거 아니에요? 정부도 국민에게 일자리를 줄 수 있어요?

공공재를 만드는 사업을 대규모로 시작한 거야. 새로운 도로를 만들고, 다리를 짓고, 댐을 건설한 거지. 국민들이 일을 해서 수입이 생기니까 소비도 살아났고, 위기에 빠졌던 경제도 구할 수 있었어.

 와, 정부가 적절한 때에 끼어들어 위기를 극복했네요!

1930년대 이전까지 경제는 시장의 자율에 맡겨야 한다는 주장이 대세였지만 뉴딜 정책이 성공하면서 정부의 적절한 시장 개입이 필요하다는 주장도 받아들여지게 되었어.

정부의 필요성을 느끼게 해 준 '뉴딜 정책'

☝ 주가 폭락으로 시작된 경제 대공황을 극복하기 위해 미국의 루스벨트 대통령이 내세운 경제 정책이에요.

✌ 정부가 공공재를 만드는 사업에 투자해 일자리를 만들었어요. 덕분에 국민들은 돈을 벌고 쓸 수 있었어요.

✌ 뉴딜 정책이 성공하면서 정부의 적절한 시장 개입이 필요하다는 주장도 받아들여지게 되었어요.

오늘 하윤이랑 이야기를 하다 보니 정부의 개입에서 중요한 것은 '균형'이라는 생각이 드네. 너무 과해도 안 되고, 너무 없어서도 안 되잖아.

맞아요. 적절한 균형을 이뤄야 시장이 실패하지 않을 수 있고, 정부도 제 기능을 할 수 있으니까요!

"아빠, 양적완화가 가뭄에 물을 뿌려 주는 급수차라고 하셨잖아요. 그럼 오늘 배운 정부 개입은 큰 사고가 벌어졌을 때 나타나 구조해 주는 구급차라고 볼 수 있겠네요?"

"이야, 찰떡같은 비유인데? '정부 개입은 위기에 빠진 경제를 구하는 구급차다.' 수첩에 적어 뒀다가 강의할 때 써야겠다."

"음, 아빠. 다 좋은데 출처는 꼭 밝혀주세요."

"하하하, 알았어. 아빠 딸 하윤이가 한 말이라고 꼭 밝힐게."

재정 정책

경제를 살리기 위한 정부의 긴급 처방

💡 정부가 우리 집에 재난지원금을 준대요.
나라에서 왜 국민에게 돈을 나눠 주는 걸까요?

💡 키워드: 재정 정책, 소비의 승수 효과

"아빠, 우리도 코로나19 긴급재난지원금 받았어요? 오늘 율이는 재난지원금으로 신발 사러 간대요."

"우리도 받았지. 지난번에 하윤이랑 아빠랑 카페에서 케이크도 사 먹고 음료수도 먹었잖아. 모두 재난지원금으로 산 건데?"

"와, 진짜네요!"

"뭐가?"

"율이가 그랬거든요. 나라에서 전 국민에게 돈을 줬다고요. 저는 말도 안 된다고 했는데, 진짜였다니! 그럼 다음 지원금은 또 언제 나와요?"

하윤아, 왜 정부가 우리들에게 긴급재난지원금을 줬을까?

 음, 뉴스를 보니까 코로나19 때문에 국민들이 살기 어려워지니까 도와주려고 정부에서 돈을 준 거라던데요?

맞아. 코로나19 때문에 어쩔 수 없이 거리두기를 하고, 사람들끼리 만나지도 못하면서 우리나라 경제가 갑자기 어려워졌어. 사람들이 길거리에 돌아다니지 못하니까 손님이 없어서 망하는 가게들이 늘어났고, 나라 간의 왕래도 자유롭지 못하니 물건을 만들어 해외로 수출하는 기업들도 문을 닫게 되었단다.

기업이 문을 닫으면 어떻게 될까? 거기에서 일하던 사람들이 일자리를 잃게 되겠지? 그러면 돈을 못 벌고, 돈이 없으니까 아껴 쓰게 될 거야. 일주일에 1만 원씩이던 하윤이의 용돈도 줄게 되겠지. 하윤이 용돈이 절반으로 줄어 5,000원이 되면 어떻게 할래?

 휴, 생각하기 싫지만 일단 일주일에 2번씩 먹던 바나나 우유를 1번만 먹어야 할 것 같고요. 마음이 아프지만, 용돈 받으면 사려고 했던 강아지

필통도 안 살 것 같아요. 필통은 또 있으니까요…….

하윤이처럼 바나나 우유를 2번 먹던 아이들이 1번만 먹으면 편의점 사장님의 수입은 절반으로 줄어들겠지? 필통도 안 사니까 문구점 사장님도 장사가 안되는 거고. 그렇게 경기가 안 좋아지기 시작하는 거야. 이런 상황을 '경기 침체'라고 하지.

 아빠, 경기 침체가 오기 전에 구급차가 필요해요! 정부 개입 말이에요.

바로 그거야. 경제가 더 안 좋아지기 전에 정부가 개입해서 국민들에게 이렇게 말하는 거지. "경제가 어렵다고 돈 너무 아끼면 경기 침체가 올 수 있어요. 평소처럼 돈을 쓰세요. 정부가 지원금을 나눠 드릴게요!" 이렇게 해서 긴급재난지원금이라는 것이 생긴 거야. 정부가 나서서 적극적으로 돈을 쓰라고 권하는 거지.

경제가 어려워질 때 금리를 내려서 "힘을 내세요"라고 이야기한다고 했지? 금리가 0%라서 더 이상 내릴 수 없을 때는 양적완화를 통해서 돈을 뿌린다고도 했고 말이야. 그런데 재난지원금처럼 사람들에게 직접 돈을 주면, 그 효과는 금리를 인하하는 것보다 훨씬 크단다.

재난지원금처럼 정부가 경제 계획을 세우고, 목표를 이루기 위해 다양한 정책을 내놓는 것을 '재정 정책'이라고 해.

정부의 경제 긴급 처방, 재정 정책

 경제를 이끌기 위해 정부는 다양한 정책을 만들어 내요.

 코로나19 사태에 전 국민에게 나눠준 '긴급재난지원금'이 대표적인 재정 정책이에요.

 아빠, 그런데 긴급재난지원금이 엄청나게 큰돈은 아니잖아요. 몇십만 원 정도인데, 그걸로 나라 전체의 경제를 살릴 수 있어요?

예를 들어 하윤이가 긴급재난지원금 100만 원을 받았다고 해 보자. 하윤이는 A 마트에 가서 지원금 100만 원을 썼어. 그러면 A 마트의 소득은 100만 원이지? 100만 원이라는 소득이 생긴 A 마트는 20만 원은 저축하고, 80만 원으로 B 업체에 새로운 물건을 주문했어. A 마트의 주문을 받은 B 업체는 주문 받은 물건을 만들기 위해 월급 65만 원을 주고 C 직원을 고용하지. C 직원은 월급 65만 원 중 50만 원을 내고 D 백화점에 가서 청소기를 사. 이런 식으로 100만 원이라는 돈은 쭉쭉 이어져서 새로운 소비를 만들어 낸단다.

 나는 한 번 쓰는 돈이지만, 그 돈은 돌고 돌면서 계속 경제가 돌아가게 하는군요.

맞아. 이것을 '소비의 승수 효과'라고 해. '승수'라는 것은 어떤 수에 곱하는 수를 말하는데, 누군가가 돈을 쓰면 그 돈이 사회를 돌고 돌면서 곱하기의 효과를 낸다는 뜻이지.

한 번의 소비도 소중해요

 한 사람의 소비는 다른 사람의 소득이 돼요.

 다른 사람의 소득은 다시 소비로 이어져요. 이렇게 한 사람의 소비가 가진 효과가 계속 커지는 것을 '소비의 승수 효과'라고 해요.

재정 정책은 앞서 알아본 뉴딜 정책과 마찬가지로 적극적인 정부 개입 중 하나야. 경제가 어려워지면 사람들이 지갑을 꼭 닫아 버리고 돈을 쓰지 않으려 하기 때문에 만들어 놓은 물건이 팔리지 않게 되지. 이렇게 경제가 멈춰 버리는 상황을 극복하기 위해 정부가 가지고 있는 돈을 풀어 수요를 만들어 내는 거란다.

 수요를 만들어 낸다는 말이 좀 어려운데요?

정부는 긴급재난지원금을 주면서 "1월 31일까지 사용하세요. 기간 내에 사용하지 않으면 돈은 사라집니다"라고 조건을 걸어. 그러면 사람들은 그 기간 내에 어떻게든 돈을 쓰려고 하겠지? 율이가 재난지원금으로 꼭 필요하지 않은 신발을 사는 것처럼 말이야.

 아하. 이제 알겠어요. 살 마음이 없었던 물건을 사게 되는 거니까 정말 없는 수요를 만들어 내는 거네요.

맞아. 시장에서 자연스럽게 생긴 수요가 아니라 정부의 정책으로 인해 만들어졌기 때문에 그렇게 말하는 거야.

시대와 환경에 따라서 정부가 취하는 재정 정책의 형태는 다르단다. 코로나19 때처럼 돈을 직접 주는 형식일 수도 있고, 1930년 미국의 경제 대공황 때처럼 일자리를 주는 형식일 수도 있어. 하지만 목표는 모두 같아. 소득을 늘려 소비를 권장하는 거지.

국민들이 돈을 쓰고, 활발히 경제활동을 해서 경제가 안정적으로 굴러가도록 돕기 위해 오늘도 정부는 여러 가지 방안을 고민하고 있단다.

"재정 정책을 알고 나니까 재난지원금을 받는 게 좋은 일이 아니라는 걸 알게 됐어요. 그전까지는 공짜로 돈이 생기니까 좋다고만 생각했거든요."

"맞아. 정부의 재정 정책이 필요 없을 만큼 경제가 건강하게 잘 돌아가는 것이 훨씬 바람직하지."

"그래도 정부가 쓰라고 준 돈이니까 써야겠죠?"

"그래. 이번 재난지원금은 다음 주까지 써야 하니까 하윤이가 좋아하는 갈비 먹으러 가자!"

"와, 신난다!"

열두 살 경제 놀이터 1

초판 1쇄 발행 2023년 5월 10일
초판 4쇄 발행 2023년 10월 25일

지은이 이효석, 이하윤

펴낸이 김선준

책임편집 최구영
편집팀 최한솔, 최구영, 오시정
마케팅팀 권두리, 이진규, 신동빈
홍보팀 한보라, 이은정, 유채원, 권희, 유준상, 박지훈
디자인 김혜림 **일러스트** 헤이순
경영관리 송현주, 권송이

펴낸곳 페이지2북스 **출판등록** 2019년 4월 25일 제 2019-000129호
주소 서울시 영등포구 여의대로 108 파크원타워1. 28층
전화 070) 4203-7755 **팩스** 070) 4170-4865
이메일 page2books@naver.com
종이 ㈜월드페이퍼 **인쇄·제본** 한영문화사

ISBN 979-11-6985-026-1 (73320)

- 책값은 뒤표지에 있습니다.
- 파본은 구입하신 서점에서 교환해 드립니다.
- 이 책은 저작권법에 의하여 보호를 받는 저작물이므로 무단 전재와 복제를 금합니다.